# 제임스 6세 겸 1세의 종교 정책

# 제임스 6세 겸 1세의
# 종교 정책

강미경 지음

경북대학교출판부

## 강미경

경북대학교 인문대학 사학과를 졸업하고 같은 학교 대학원 사학과에서 박사학위를 받았다. 경북대학교 사학과 BK 계약교수를 거쳐 현재 경북대학교 인문학술원 연구원 겸 강사로 재직하고 있고, 영국사학회 학회장으로도 활동 중이다. 16~17세기의 정치와 종교에 관해 연구하고 있으며, 최근에는 북아일랜드 갈등의 기원이라 할 수 있는 얼스터 플랜테이션(Ulster Plantation)에 관심을 두고 다양한 주제의 연구를 진행 중이다. 관련 논문으로「원주민들은 어디로 갔을까?: 17세기 초 얼스터 플랜테이션 시기 원주민의 이주」(2023),「런던데리 플랜테이션과 런던 상인들 – 제임스 1세의 설득과 협상 – 」등이 있고, 저서로는『역사학의 역사 – 영국사 연구의 흐름과 쟁점』(공저, 2020)과 몇 권의 교양서(공저)가 있다.

## 제임스 6세 겸 1세의 종교 정책

**찍은 날** 2024년 7월 3일 · **펴낸 날** 2024년 7월 10일
**지은이** 강미경 · **펴낸이** 홍원화 · **펴낸 곳** 경북대학교출판부
**출판등록** 1973년 10월 10일 ㉣97호 · **주소** 대구광역시 북구 대학로 80 · **전화** 053–950–3830
**팩스** 053–953–4692 · **이메일** press@knu.ac.kr · **홈페이지** www.knupress.com
**ISBN** 978–89–7180–637–1 93920

정가는 뒤표지에 있습니다. 파본은 바꾸어 드립니다.

**제임스 6세 겸 1세(James VI & I)의 초상화** | 스코틀랜드 국왕 제임스 6세는 엘리자베스 여왕(Elizabeth Ⅰ) 사후 잉글랜드 왕위를 계승하여 제임스 1세가 되었다. 그런 이유로 그의 공식 명칭은 '제임스 6세 겸 1세'이다.

**제임스 6세 겸 1세(James VI & I)의 가계도** | 맨 아래쪽은 장미전쟁의 주인공이자 튜더 왕조의 창시자인 헨리 7세(Henry VII)와 그의 아내 엘리자베스(Elizabeth of York)의 초상화이고, 그 위쪽은 모두 후손들의 초상화이다. 아래에서 두 번째 줄 중앙은 헨리 7세의 장녀 마거릿 튜더(Margaret Tudor)이고, 그 왼쪽은 그녀와 결혼한 스코틀랜드의 제임스 4세(James IV, 왼쪽)다. 이들의 후손으로 스코틀랜드와 잉글랜드 왕위를 모두 계승한 제임스 6세 겸 1세는 이 그림 제일 위쪽(좌측)에 있다.

**제임스 1세의 대관식(Coronation of James I. Westminster Abbey)** | 잉글랜드 제임스 1세의 대관식은 1603년 6월 25일 거행되었다. 이 판화의 묘사에 따르면 제임스는 트럼펫 연주에 맞추어 수도원으로 들어가고 있고, 왕비 앤(Anne of Denmark)은 14명의 백작 부인과 함께 제임스의 행렬을 뒤따르고 있다.

**리치오의 살해(The Murder of Rizzio, 1787)** | 메리 여왕(Mary, Queen of Scots)의 비서인 리치오는 여왕과 그의 사이를 의심하는 남편 단리 경(Lord Darnley)에 의해 여왕이 보는 앞에서 살해당했다. 이 사건으로 여왕과 단리 경의 관계는 극도로 악화되었다.

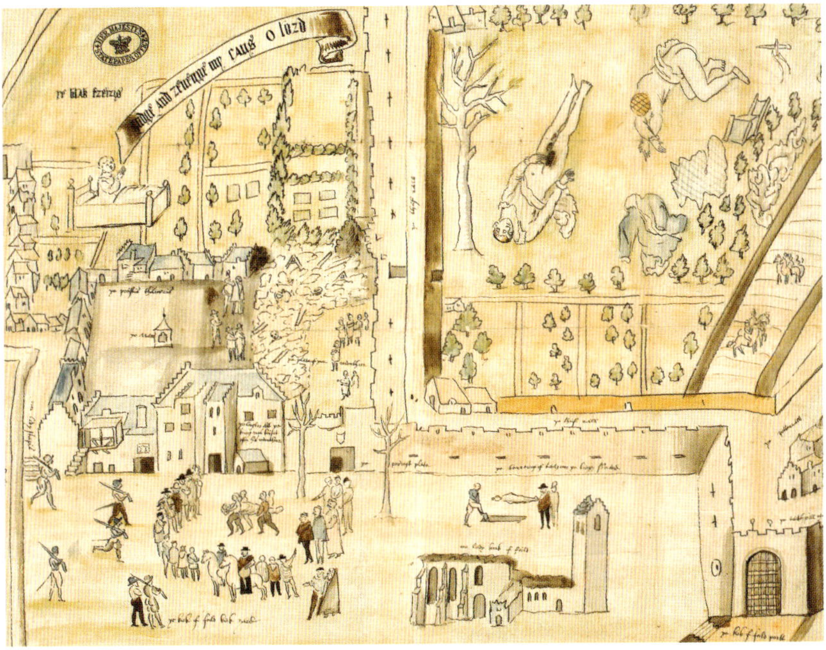

**단리 경(Lord Darnley) 살해 후의 커크 오 필드(Kirk o' Field)** | 메리 여왕의 두 번째 남편이었던 단리 경은 1567년에 커크 오 필드(Kirk o' Field)에서 살해되었다. 이 그림은 잉글랜드의 국무상 윌리엄 세실(William Cecil)에게 사건을 보고하기 위해 그린 것이다. 오른쪽 상단에 하의(下衣)가 벗겨진 채 누워 있는 인물이 단리 경이다.

**화약 음모 사건 음모자들의 처형(The Execution of the Conspirators in the Gunpowder Plot)**
| 잉글랜드의 급진적 가톨릭교도들은 의회 개원식이 열리는 1605년 11월 5일에 국왕과 그 일족(一族), 고위 대신들과 신교 귀족들을 한꺼번에 폭사시킬 계획을 세웠다. 사건이 발각된 후 음모 기담자들은 교수형에 처해졌고, 그들의 시체는 끌려다니다가 사지가 찢겼다.

**화약 음모 사건을 꾸민 공모자들** | 화약 음모 사건을 공모한 가톨릭교도들이 원한 것은 '가톨릭을 너그럽게 수용하는 잉글랜드가 아니라 가톨릭 국가 잉글랜드'였다. 이 사건 이후 의회는 법 제정을 통해 매년 11월 5일을 '액운을 막은 기쁨의 날'로 기념했다. 지금도 영국에서는 이날 '가이 포크스의 밤(Guy Fawkes Night)' 행사를 개최하며 화약 음모 사건의 실패를 기념한다. 위 그림에서는 오른쪽에서 세 번째 인물이 가이 포크스(Guy Fawkes or Guido Fawkes)이다.

**도르트 종교회의(Synod of Dort, 1618-1819)** | 잉글랜드 청교도들은 자신이 신의 선택을 받았다는 확신을 아주 소중하게 여겼다. 반면 아르미니우스주의자들은 신의 선택이 자유의지를 지닌 인간의 타락 때문에 제한될 수 있다고 주장했다. 국왕이 아르미니우스주의에 경도된 것은 아닌지 잉글랜드 청교도들이 의심하기 시작하자 제임스는 네덜란드 도르트(Dordt, Dordrecht)에서 개최된 종교회의를 이용해 이 문제를 해결하려 했다.

# 머리말

2022년 9월 8일 영국의 엘리자베스 여왕(Elizabeth II)이 사망했다. 그러나 여왕의 사망을 두고 북아일랜드 벨파스트의 신·구교 분쟁 지역에서는 희비가 엇갈렸다. 영국에 저항하는 아일랜드공화국군(IRA)의 본거지였던 폴스 로드(Falls Road)에서는 환희의 폭죽이 터졌지만, 영국에 오랜 충성을 바쳐온 신교도 주민들의 거리 샨킬 로드(Shankill Road)에서는 상점과 가로수마다 조기가 내걸렸다. 여왕의 죽음이라는 하나의 사건에 두 지역은 왜 이렇게 다른 반응을 보이게 되었을까?

이 상황을 올바르게 파악하려면 과거 잉글랜드와 아일랜드의 역사를 되돌아볼 필요가 있다. 특히 1609년 아일랜드 북쪽 얼스터(Ulster)에 신교도를 대규모로 이주시켜 북아일랜드 갈등의 원인을 제공한 '제임스 6세 겸 1세(James VI & I)'의 시대를 되짚어 봐야 한다. 이 시기는 종교개혁과 절대주의의 광풍이 교차하던 시기였고, 정치와 종교를 분리하여 설명할 수 없던 시기였다. 이 책은 바로 이런 상황 속에서 자신만의 종교 정책을 통해 왕권을 강화하고 국가를 안정시키려 했던 국왕 제임스를 살펴보려는 시도이다.

'제임스 6세 겸 1세'라는 독특한 명칭에 잘 드러나 있듯이 제임스는 하나의 왕관으로 세 나라(스코틀랜드, 잉글랜드, 아일랜드)를 평화롭게 통합한 인물이다. 독실한 가톨릭 신자였던 제임스의 어머니 메리 여왕(Mary, Queen of Scots)은 종교개혁 이후 스코틀랜드를 장악한 장로교 귀족들에 의해 폐위되었고, 이후 잉글랜드로 망명했다. 요람에서 즉위한 제임스는 장로교 귀족들의 등쌀 속에서 철저한 신교 교육을 받으며 자랐고, 엘리자베스 여왕 사후에는 신교로 종교개혁을 단행한 잉글랜드의 국왕이 되었다. 그는 당시 유럽에서 신교 세력을 대표하는 인물이었지만 신교와 구교 간의 중재를 위해 끊임없이 노력했던 인물이기도 하다. 그는 또 1억 5천여만 명의 신교도가 사용하고 있는 킹 제임스 성경(King James Version, 흠정역 성서)의 편찬을 결정한 장본인이었다. 하지만 이러한 업적에도 불구하고 제임스의 이름은 엘리자베스 여왕, 메리 여왕, 찰스 1세(Charles I, 1600~1649) 같은 몇몇 인물의 명성 혹은 악명 때문에 오랜 시간 가려져 있었다.

제임스가 유럽 정치 무대의 중앙으로 진입하게 된 것은 엘리자베스 여왕을 계승하면서부터였다. 당시 엘리자베스 여왕을 계승할 만한 인물이 여럿 있었지만, 제임스에 비할 바는 아니었다. 그는 강력한 스코틀랜드 귀족과 장로교회에 맞서 자신의 나라를 다스린 경험이 있었고, 건강한 남자 계승자도 둘이나 있었다. 잉글랜드의 입장에서는 아주 구미가 당기는 조건들이었다. 물론 제임스의 입장에서도 잉글랜드의 왕위 계승은 아주 중요한 의미가 있었다. 이를 통해 제임스는 이전보다 훨씬 넓은 영토와 안정적인 재정 상황을 물려받았기 때문이다.

그러나 그가 물려받은 종교적 상황은 아주 복잡했다. 제임스가 다스리게 된 세 왕국의 종교는 그 형식과 내용이 너무도 달랐기 때문이다. 이런 이유로 제임스의 종교 정책 역시 복잡하고 일관성이 부족한 것처럼 보인다. 하지만 그의 종교 정책이 추구하는 바는 항상 분명했다. 이 책은 이러한 제임스의 종교 정책을 그의 정치적 신념 속에서 살펴보려는 시도이다. 이를 통해 독자들이 잉글랜드·스코틀랜드·아일랜드뿐 아니라, 유럽 대륙 전체의 정치적·종교적 상황까지 다양한 관점에서 조망할 수 있게 되기를 바란다. 또한 이 시기에 전개되었던 다양한 정치·종교적 논쟁을 통해 서양 근대 사회 형성의 토대를 놓은 중요한 사상들을 좀 더 깊이 이해할 수 있기를 기대한다.

이 지면을 빌려 필자의 연구와 삶에 지침을 주신 분들께 감사의 마음을 전하고 싶다. 우선 연구의 걸음마를 떼던 순간부터 지금까지 늘 든든한 버팀목이 되어 주신 김중락 선생님, 연구자의 자세는 물론 연구 활동의 어려움에 대처하는 방법까지 알려주신 설혜심 선생님, 선택과 고민의 순간마다 적절한 조언과 용기를 주신 황보영조 선생님께 온 마음을 담아 감사드린다. 또 어려운 일들이 있을 때마다 기꺼이 지원해 주신 영국사학회 선생님들과 경북대학교 사학과와 역사교육과 선생님들께도 감사드린다. 마지막으로 항상 가까이에서 묵묵히 지켜봐 주시는 가족과 친구에게도 고마운 마음을 전한다. 모두 감사드립니다.

2024년 6월

강미경

목차

# 프롤로그

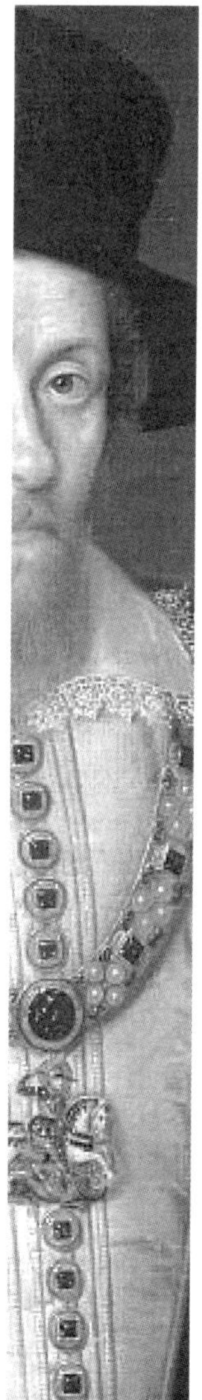

제임스 6세 겸 1세의 종교 정책

1603년 3월 23일 오후 느지막한 시간, 잉글랜드 추밀원 의원들이 죽음의 문턱에 선 엘리자베스 여왕(Elizabeth Ⅰ, 1533-1603)을 방문했다. 여왕이 자신의 후계자를 아직 밝히지 않았기 때문이다. 그들이 당도했을 때, 여왕은 이미 말조차 할 수 없을 만큼 쇠약해진 상태였다. 그들은 '그녀가 원하는' 왕위 계승자의 이름이 호명될 때 손가락을 들어 달라고 부탁했는데, 스코틀랜드 왕의 이름이 말해지는 순간 여왕이 손가락을 들어 올렸다.[1] 스코틀랜드 왕 제임스 6세(James VI, 1566-1625)가 거의 20년간 꿈꿔 왔던 바로 그 순간이었다. 다음날인 3월 24일 새벽 여왕이 사망하자 제임스는 잉글랜드 국왕 제임스 1세(James Ⅰ)로 선포되었다.[2] 이제 제임스는 스코틀랜드, 잉글랜드, 아일랜드를 아우르는 광대한 영토의 지배자가 되었다. 잉글랜드 왕위

1 Catherine Loomis, "Elizabeth Southwell's Manuscript Account of the Death of Queen Elizabeth (with text)," *After Elizabeth, The Death of Elizabeth and the Coming of King James* 26, no. 3 (Autumn, 1996), p.486; Leanda de Lisle, *After Elizabeth, The Death of Elizabeth and the Coming of King James* (London: Harper Perennial, 2006), pp.123-124.

2 James F. Larkin & Paul L. Hughes, eds., *Stuart Royal Proclamations, 1603-1625*, vol. 1(Oxford: Oxford University Press, 1973), pp.1-2.

계승 후 그는 제임스 6세 겸 1세(James VI & I)로 불리게 되었는데, 이는 스코틀랜드 왕이 잉글랜드 왕위를 계승했지만 두 나라는 서로 독립적인 왕국으로 존속했기 때문이다.

제임스는 1566년 6월 19일 스코틀랜드의 메리 여왕(Mary, Queen of Scots, 1542-1587)과 단리 경(Lord Darnley, Henry Stuart, 1545-1567)의 아들로 태어났다.[3] 메리 여왕이 남편 단리 경의 폭사 사건에 연루되었다고 생각한 스코틀랜드 귀족들과 장로교회는 1567년 3월 장로교 총회(General Assembly)를 소집해 여왕을 폐위시킨 후, 태어난 지 열세 달밖에 되지 않은 제임스를 스코틀랜드 왕좌에 앉혔다. 그들은 엄격한 장로교 교육을 통해 왕권이 신민들과의 계약에서 비롯되었고, 이 계약을 어긴 왕들은 신민들의 저항을 받게 되며, 왕권과 교회는 철저하게 분리되어 있다는 주장을 어린 왕에게 주입하려 했다. 심지어 그들은 당시 대표적인 신교도였던 나바르 왕 앙리(Henry of Navarre, 1553-1610)의 여동생과 제임스의 결혼을 추진하기도 했다. 제임스를 확고한 신교 세력으로 만들기 위해서였다. 따라서 제임스가 친정을 시작한 1578년까지 스코틀랜드의 왕권은 섭정을 맡은 일부 귀족들[4]

---

3 이 결혼은 메리의 잉글랜드 왕위 계승권을 더 강하게 만들어 주었다. 메리의 아버지 제임스 5세(James V, 1512-1542)는 부친인 제임스 4세(James IV, 1473-1513)와 잉글랜드 헨리 7세의 딸 마거릿 튜더(Margaret Tudor, 1489-1541)의 아들이므로 메리는 할머니로부터 유래한 잉글랜드 왕위 계승권을 가지고 있었다. 게다가 남편 단리는 제임스 4세 사후 마거릿이 스코틀랜드 귀족 아치볼드 더글러스(Archibald Douglas, 6th Earl of Angus, 1489-1557)와 재혼해 낳은 마거릿 더글러스(Margaret Douglas, 1515-1578)가 매튜 스튜어트(Matthew Stuart, 4th Earl of Lennox, 1516-1571)와 결혼해 낳은 아들이다. 그러므로 단리 역시 할머니로부터 유래된 잉글랜드 왕위 계승권을 가지고 있었다. 이 둘의 결혼은 잉글랜드 왕위 계승 정통성 문제로 번져 엘리자베스 여왕을 곤란하게 만들었다.

4 그들은 순서대로 메리 여왕의 이복형제였던 모레이 백작(James Stewart, 1st Earl of Moray, 1531-1570), 제임스의 할아버지였던 레녹스 백작(Matthew Stewart, 4th Earl of Lennox, 1516-1571), 마 백작(John Erskine, 17th Earl of Mar, d. 1572), 모턴 백작

의 손에 좌우되었고, 왕은 귀족들에게 납치당하거나 목숨을 위협받기도 했다. 이런 상황은 사실 친정 이후에도 크게 달라지지 않았다. 제임스는 강력한 스코틀랜드 교회와 귀족들의 간섭에 맞서 자신의 왕권을 지키는 데 심혈을 기울여야만 했다. 그런데 이런 그가 잉글랜드 왕위를 계승하게 된 것이다.

스코틀랜드와 잉글랜드의 왕실 통합은 제임스에게 많은 것을 제공하였다. 먼저 제임스는 스코틀랜드에서보다 훨씬 강력한 왕권을 유지할 수 있었다. 잉글랜드에서는 헨리 8세(Henry Ⅷ, 1491-1547)와 엘리자베스 여왕 시대를 거치면서 강력한 왕권이 확립되었다. 또한 헨리 8세가 주도한 종교개혁으로 잉글랜드 왕은 잉글랜드 국교회 수장(Supreme Head)을 겸하게 되었기에 교회 역시 국왕의 지배하에 있었다. 이는 조그만 불만에도 반기를 드는 귀족이 득실대는, 심지어 국왕을 한 명의 종교적 신민으로 여기는 스코틀랜드에서는 상상조차 할 수 없는 일이었다.

이뿐만이 아니었다. 왕실 통합은 제임스에게 커다란 경제적 부를 안겨 주었다. 잉글랜드 왕위를 물려받기 직전 제임스는 거의 파산 상태였다. 당시 그는 엘리자베스 여왕이 주는 연금(annuity)을 받고 있었는데, 여왕의 국무상 로버트 세실(Robert Cecil, 1st Earl of Salisbury, 1563-1612)에게 연금 인상을 문의할 정도로 궁색한 처지에 몰려 있었다.[5] 즉위식을 위한 여행 경비 역시 잉글랜드 재정으로 충당해야 할

---

(James Douglas, 4th Earl of Morton, 1516-1581)이다.

5 엘리자베스가 제임스에게 지급한 연금은 매년 3만 파운드 정도였는데, 이는 당시 제임스 1년 소득(15만 파운드)의 1/5에 해당하는 금액이었다.

정도였다.[6] 헨리 8세와 엘리자베스 시대의 잦은 전쟁으로 잉글랜드 재정 역시 어려운 상황에 있었지만, 그렇다고 해도 스코틀랜드에 비할 바는 아니었다. 수년간 제임스의 개인 이발사로 일했던 로저 애쉬튼(Roger Ashton, d. 1612)은 잉글랜드를 물려받게 된 제임스의 상황을 다음과 같이 적절하게 묘사했다. "40년 동안 황야와 불모지를 헤매던 가난한 사람이 이제 약속의 땅에 도착한 것 같다."[7]

국민들의 반응도 도움이 되었다. 잉글랜드인들은—반항적인 스코틀랜드인들과는 달리—제임스의 왕위 계승을 진심으로 환영했다. 잉글랜드는 메리(Mary I, 1516-1558)와 엘리자베스에 이르는 50여 년간 여성 통치자의 지배를 받아 왔다. 엘리자베스 시대에 들어 여성 통치자에 대한 인식이 다소 바뀌었지만, 그렇다고 해도 남성 통치자보다 더 선호되었던 것은 아니다.[8] 게다가 메리와 엘리자베스 시대에는 후계자 문제가 정국을 혼란스럽게 만들었다. 하지만 제임스는 달랐다. 제임스와 덴마크 출신 왕비 앤(Anne of Denmark, 1574-1619)에게는 어릴 때 죽은 네 명의 아이를 제외하고도 헨리(Henry, 1594-1612)와 찰스(Charles, 1600-1649)라는 두 명의 아들과 장녀 엘리자베스(Elizabeth, 1596-1662)가 있었다.

그러나 이러한 긍정적인 면들과는 달리 제임스가 물려받은 종교적 상황은 그리 낙관적이지 못했다. 이질적이고 대립적이며 서로에게 영향을 끼치는 세 개의 교회를 물려받았기 때문이다. 세 왕국 모

6 Lisle, *After Elizabeth*, p.150.
7 Sir Anthony Weldon, *The Court and Character of King James* (London, 1650), p.8; Lisle, *After Elizabeth*, p.148.
8 J. P. Kenyon, *Stuart England* (London: Penguin books, 1978), p.48.

두를 잘 다스려야 하는 제임스에게 왕국마다 종교적 상황이 다르다는 것은 아주 큰 문제가 될 수 있었다. 당시 잉글랜드 교회와 스코틀랜드 교회는 각기 다른 체제로 종교개혁을 단행했기에 교리는 물론이고 조직과 의식적인 측면에서도 차이가 컸다. 우선 조직적인 측면에서 양자는 서로 달랐다. 잉글랜드 교회는 주교제(episcopacy)를 중심으로 운영되었지만, 스코틀랜드 교회는 장로회(presbytery)라는 회의체를 중심으로 운영되고 있었다. 또 잉글랜드 교회는 군주를 최고 지배자로 인정하고 있었지만, 스코틀랜드 교회는 왕으로부터의 독립성을 강조하였다. 의식적인 면에서도 차이가 컸다. 잉글랜드 교회는 기도서(prayer book)를 가지고 정해진 의식을 시행하는 등 여전히 가톨릭적 의식을 중시하였지만, 스코틀랜드 교회는 즉흥적인 기도와 설교를 강조했고, 가톨릭적인 의식들은 혐오했다.[9] 자신들의 교회가 '가장 잘 개혁된 교회'라고 믿었던 스코틀랜드 장로교 입장에서는 잉글랜드 교회가 여전히 한 발을 가톨릭에 걸치고 있는 것처럼 보였을 것이다. 이들은 잉글랜드 교회의 주교제나 가톨릭적인 의식들이 자신들을 오염시킬까 봐 걱정했다.

잉글랜드의 청교도들 역시 이러한 상황을 더욱 혼란스럽게 만들

---

9 K. Brown, "Scottish Identity in the Seventeenth Century" in *British Consciousness and Identity*, eds. B. Bradshaw and P. Roberts (Cambridge: Cambridge University Press, 1998), pp.249-250; M. Todd, *The Culture of Protestantism in Early Modern Scotland* (New Heaven: Yale University press, 2002), p.405; A. MacDonald, "James Ⅵ & Ⅰ, the Church of Scotland and British Ecclesiastical Convergence," *Historical Journal* 48, no. 4 (2005), pp.885-903; L. A. M. Stewart, *Urban Politics and British Civil Wars* (Leiden and Boston: Brill, 2006), p.11; Jason White, *Militant Protestantism and British Identity, 1603-1642* (London: Pickering & Chatto, 2012), pp.3-4.

고 있었다. 토마스 카트라이트(Thomas Cartwright, 1535-1603)를 중심으로 한 청교도들은 엘리자베스의 중도적인 종교 정책에 불만을 품고 있었고, 잉글랜드 국교회가 스코틀랜드 장로교와 같은 체제로 개혁되기를 바랐다. 그들은 제임스가 런던에 도착하기도 전에 자신들의 요구를 담은 천인청원(Millenary Petition)을 왕에게 제출하였다. 잉글랜드 교회를 장로교 스타일로 바꾸어 달라는 내용이었다. 이들은 전체 국교도에 비하면 소수였지만, 여전히 종교적 불안 요소로 작용하고 있었다.

또 다른 문제는 가톨릭에 관한 것이었다. 종교개혁 이후에도 잉글랜드나 스코틀랜드에는 가톨릭 세력이 잔존하고 있었다. 잉글랜드의 경우 엘리자베스 시대에 이미 많은 가톨릭 신자가 박해를 받았지만, 여전히 적지 않은 귀족들이 비밀 가톨릭교도(crypto-popery)로 남아 있었다. 이들은 자신들의 집에 가톨릭 사제를 숨겨 주기도 했고, 비밀리에 가족 미사를 올리기도 했다. 게다가 대륙의 가톨릭 국가들과 연대하여 잉글랜드를 가톨릭 국가로 되돌리려는 이들도 있었다. 잉글랜드에 비해 수는 적었지만 스코틀랜드에서도 상황은 마찬가지였다. 서부 고지대(Highland)이 친족(clan) 일부는 종교개혁을 거부하고 여전히 가톨릭교도로 남았는데, 이들 역시 스페인과 같은 외국 세력과 연계해 잉글랜드 교회를 혼란에 빠뜨릴 가능성이 있었다.

아일랜드 역시 가톨릭이 문제가 되고 있었다. 종교개혁이 실패하였기에 아일랜드 국민 대부분은 여전히 가톨릭을 믿었고, 잉글랜드 국교를 강요하는 엘리자베스와는 대립각을 세우고 있었다. 결국 얼스터의 가장 강력한 친족장이었던 오닐(Hugh O'Nell, Earl of Tyrone,

1550-1616)과 오도넬(Hugh Roe O'Donnell, Earl of Tyrconnell, 1572-1602)이 엘리자베스의 정책에 반발하여 9년 전쟁(Nine Years' War)[10]을 일으켰고, 가톨릭 국가의 맹주를 자처했던 스페인의 펠리페 3세(Felipe III, 1578-1621)는 이들을 지원한다는 명목으로 군인 4,000명을 파병하기도 했다. 이 전쟁은 1603년 제임스가 잉글랜드 왕위를 계승한 직후 끝이 났지만, 아일랜드 역시 외국 가톨릭 세력과의 연대를 통해 잉글랜드를 위협할 수 있음을 증명하였다.

이처럼 제임스가 잉글랜드 왕위를 계승한 이후 세 왕국의 종교적 상황은 매우 복잡했다. 그리고 바로 이런 상황 때문에 제임스의 종교 정책도 복잡하고 일관성이 결여된 것처럼 보인다. 제임스의 종교 정책을 연구하는 학자들의 연구 결과가 다양한 스펙트럼을 보이는 것도 같은 맥락에서 이해할 수 있다. 패트릭 콜린슨(Patrick Collinson)에 따르면 제임스의 종교 정책은 각 종파의 극단주의자들을 제거하여 종교적인 통합과 안정을 꾀하는 것이었다. 그는 급진세력은 탄압하되, 온건한 다수는 국교회에 포용하려 했던 제임스의 청교도 정책이 엘리자베스 여왕의 종교 정책과 유사하다고 주장했다. 제임스의 종교 정책은 "엘리자베스 여왕의 죽음 속에서 부활한 불사조"와도 같다는 그의 언급이 이를 잘 대변해 준다.[11] 폴린 크로프트(Pauline Croft) 역시 제임스의 종교 정책은 종교적 균형을 위한 것이었다고 주장한다. 제임스가 가톨릭교도와 청교도를 온건한 세력과 극단적

10 Finola McLaughlin, *Door to the Past* (Dublin: Floens, 2002), p.171.
11 Patrick Collinson, "The Jacobean Religious Settlement: The Hampton Court Conference" in *Before the English Civil War-Essay on Early Stuart Politics and Government*, ed. Howard Tomlinson (London: Macmillan, 1990), pp.27-52.

인 세력으로 구분한 후, 온건한 세력은 포용한 반면 극단적인 세력은 성공적으로 제거했다는 것이다. 또 제임스가 종교개혁 이후에도 여전히 가톨릭으로 남아 있던 아일랜드의 종교 문제나, 자신의 입장에서는 '과도한' 종교개혁을 달성한 것처럼 보였을 스코틀랜드 교회 문제도 적절하게 잘 다루었다고 평가했다. 즉 그녀는 서로 상이한 종교 세력 간의 조화를 추구한 제임스의 노력이 성공을 거두었다고 본 것이다.[12] 다이아나 뉴튼(Diana Newton)도 이와 비슷한 입장이었다. 제임스가 교회나 국가의 안정성을 위협하는 가톨릭교도나 청교도를 모두 제거하기보다는 그들 중 온건파를 잉글랜드 교회에 수용하는 통합정책을 시도했고, 그 결과 수립된 광범위한 잉글랜드 교회는 제임스의 중요한 업적 중 하나가 되었다는 것이다.[13]

이런 학자들은 제임스가 상이한 종교 세력 간의 갈등을 진정시키고 종교적 통합을 추진하면서 정국의 안정을 도모했다고 주장한다. 그러나 이들의 논리는 제임스의 종교 정책을 왕권 강화라는 정치적인 목적과 직접적으로 연결하는 데는 약점을 드러내고 있다. 물론 큰 틀에서 보면 종교적 통합과 정국의 안정이 왕권 강화라는 측면을 포함할 수도 있다. 하지만 이들은 다른 측면, 즉 제임스가 이질적인 종파들 사이의 갈등을 해결함으로써 당시 유럽과는 달리 종교적 안정을 유지했다는 점을 더 강조하고 있는 것이다. 그러나 제임스는 교회를 통제함으로써 왕권을 강화하려 했던 인물이다. 이는 그가 왕

---

12 Pauline Croft, *King James* (Basingstoke: Palgrave Macmillan, 2003), pp.155-181.
13 Diana Newton, *Papists, Protestants and Puritans, 1559-1714* (Cambridge: Cambridge University Press, 1998).

권신수설의 신봉자였다는 점, 햄프턴 코트 종교회의(Hampton Court Conference)에서 교회에 대한 지배를 통해 왕권의 기반을 확인하려 했던 점 등에서 잘 드러나고 있다. 따라서 이러한 왕권 강화라는 측면을 고려하지 않는다면 그의 종교 정책을 제대로 이해했다고 보기는 어려울 것이다.

물론 제임스의 종교 정책을 왕권 강화라는 정치적 목적과 연관 지어 설명하는 학자들도 있다. 존 맥카퍼티(John McCafferty)가 바로 그런 경우다. 제임스는 서로 대립하던 신교와 가톨릭 신민들 사이에서 잉글랜드 통치를 시작했지만, 결국 자신에게 익숙한 신학적인 논쟁을 통해 각 종파를 적절히 다루었다는 게 그의 주장이다.[14] 실제로 국왕 제임스는 뛰어난 신학자이기도 했다. 이런 쪽 학자들 중에는 제임스 1세와 찰스 1세(Charles Ⅰ, 1600-1649)의 종교 정책을 비교한 이들도 있다. 케네스 핀챔과 피터 레이크(Kenneth Fincham & Peter Lake)는 제임스와 찰스 모두 세 왕국의 종교적 통합에 관심을 갖고 있었고, 특히 제임스는 칼뱅주의 주교제를 통해 통합을 추구했다고 주장했다.[15] 그런데 왕이 임명하는 주교를 통해 교회의 통합을 추구한다는 것은 이 통합의 목적이 왕권 강화에 있음을 강하게 암시하는 것이다. 또 아이린 캐리어(Irene Carrier)의 경우에는 제임스가 완전한 일치보다는 타협을 추구했지만, 주교제를 잘 활용함으로써 교회를

---

14 John McCafferty, "The Churches and Peoples of the Three Kingdoms, 1603-1641" in *The Seventeenth Century*, ed. Jenny Wormald (Oxford: Oxford University Press, 2008), pp.51-80.

15 Kenneth Fincham & Peter Lake, "The Ecclesiastical Policies of James Ⅰ and Charles Ⅰ" in *The Early Stuart Church, 1603-1642*, ed. Kenneth Fincham (London: Macmillan, 1993), pp.23-49.

지배하는 왕의 특권을 행사할 수 있었다고 주장했다. 그녀에 따르면 제임스 시대에는 왕이 주장하는 종교로의 일치가 왕에 대한 충성의 증거였으며, 종교적 일탈은 반역에 버금가는 것이었다.[16]

이상의 주장들은 제임스의 종교 정책이 종교적 통합보다는 왕권 강화라는 목적에 더 큰 비중을 두고 있었음을 강조하고 있는데, 이는 제임스의 정치적 시각과도 일치하는 것이라 할 수 있다. 그러나 이들이 제임스의 종교 정책을 전체적으로 균형 있게 살폈다고 보기는 어렵다. 이들의 연구가 제임스의 잉글랜드 왕위 계승 이후의 정책들을 주로 다루고 있다는 점에서, 또 제임스가 왕권을 제한하는 종교로 언급했던 두 개의 종파(청교도와 가톨릭) 중 주로 청교도 정책에 치중하고 있다는 점에서 그러하다. 제임스의 종교 정책을 포괄적으로 조망하기 위해서는 어느 한 종교에 대한 정책이나 한 왕국 중심의 종교 정책이 아니라, 제임스가 물려받은 복합 왕국의 세 종교 모두를 그의 정치적 신념 속에서 함께 살펴야 할 것이다.

이를 위해 이 책에서는 제임스가 추진한 종교 정책의 기초를 이루었던 이론적 배경을 먼저 살핀 다음, 장로교와 청교도에 대한 그의 정책, 그리고 그동안 소홀히 다루어져 왔던 그의 가톨릭 정책까지를 모두 아울러 조망해 보려 한다. 조망의 대상이 되는 시기는 제임스의 스코틀랜드 시절부터 잉글랜드 왕위 계승 이후까지이다. 이를 통해 제임스가 추진했던 다양한 종교 정책의 핵심 목표가 무엇이었는지 잘 드러날 것이다.

---

16 Irene Carrier, *James VI & I, King of Great Britain* (Cambridge: Cambridge University Press, 1998).

이를 좀 더 구체적으로 설명하자면, 우선 제1장에서는 제임스가 실시한 종교 정책의 이론적 배경을 살핀다. “왕은 지상에서 신의 대리인이며, 신의 자리에 앉아 있을 뿐 아니라, 신에 의해서도 신이라 불린다.”[17]라는 제임스의 언급에 잘 드러나 있듯이 실제로 그는 철저한 왕권신수설(the Divine Right of Kings) 신봉자였다. 따라서 제1장에서는 제임스가 왕권신수설을 신봉하게 된 배경과 그가 신봉했던 왕권신수설의 세부 내용을 살핀 후, 이것이 그의 종교 정책과 어떤 식으로 맞닿아 있는지를 검토한다. 이 작업은 당시 힘을 얻었던 여러 이론과 이 이론들에서 비롯된 논쟁, 그리고 무엇보다도 제임스 자신이 집필한 저서들을 분석할 때 구체성과 실효성을 확보할 수 있을 것이다.

제2장(‘장로교 정책’)에서는 스코틀랜드 시절부터 잉글랜드 왕위 계승 이후까지 제임스가 장로교를 상대로 어떤 정책을 시행해왔는지를 주로 장로교 조직과 예식에 대한 제임스의 통제방식을 중심으로 살핀다. 이어지는 제3장(‘청교도 정책’)에서는 제임스가 자신의 저서에서 ‘골치 아픈 무리’로 묘사했던 청교도에게 어떤 정책을 적용했는지를 분석한다. 잉글랜드 교회를 장로교 체제로 개혁하고 싶었던 잉글랜드 청교도들과 제임스의 관계는 어떠했는지, 제임스는 그들을 대상으로 어떤 정책을 시행했으며, 그 정책들을 통해 무엇을 이

17 King James VI & Ⅰ, *Basilikon doron. Or His Maiesties instructions to his dearest sonne, Henry the prince* (At London: Imprinted by Felix Kyngston, for Iohn Norton, according to the copie printed at Edinburgh, 1603); King James VI and Ⅰ, *King James VI & Ⅰ, Political Writings*, ed. J. P. Sommerville (Cambridge: Cambridge University Press, 1994), p.12.

루려 했는지를 두 번의 종교회의와 그의 반청교도 정책을 통해 살펴볼 것이다.

마지막 제4장('가톨릭 정책')에서는 왕권과의 관계에서 지금까지 소홀히 다루어져 왔던 제임스의 가톨릭 정책을 다룰 것이다. 제임스는 자신의 글(저서와 편지)에서 가톨릭을 온건한 가톨릭과 극단적인 가톨릭으로 구분하곤 했다. 따라서 이 책에서도 그의 가톨릭 정책을 온건한 가톨릭을 위한 것과 극단적인 가톨릭을 위한 것으로 나누어 살펴본다. 당시 국교회 제도를 유지했던 몇몇 유럽 국가에서는 세속 군주와 교황 사이의 갈등이 가장 심각한 문제 중 하나였던 만큼, 제임스가 교황 측과의 논쟁을 통해 무엇을 얻으려 했는지도 함께 살펴볼 것이다.

## 제1장

# 종교 정책의 배경

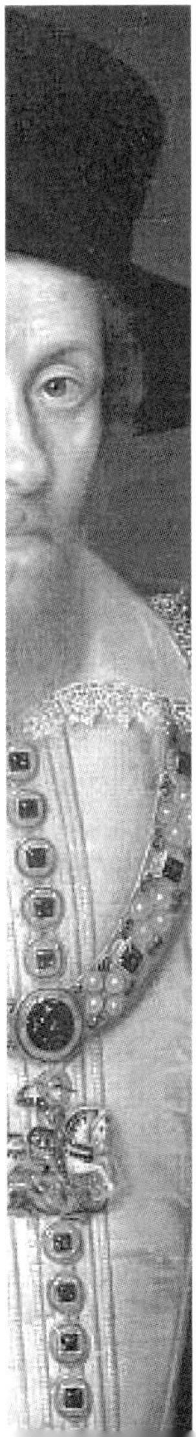

제1절

# 정치·종교적 배경

### 미약한 왕권

역사적으로 스코틀랜드의 왕권은 다른 유럽 국가에 비해 대단히 미약할 때가 많았다. 이렇게 된 첫 번째 이유로는 강력한 귀족들의 존재를 들 수 있겠다. 왕은 항상 친족(clan)을 기반으로 한 귀족들의 견제를 받았고, 그들과 권력을 나누어야만 했다. 귀족들은 반역을 제외한 모든 범죄에 대한 재판권을 가지고 있었고, 지역의 유력 가문은 그 지역의 주요 관직 임명권을 세습적으로 행사하고 있었다. 심지어 그들은 왕을 교체하기도 했다.[1] 스튜어트 왕조를 개창한 로버트 2세(Robert II, 1316-1390)부터 제임스에 이르는 아홉 명의 왕들 중 여섯 명이 미성년 상태로 즉위하면서 이런 상황은 더욱 심각해졌다.[2] 귀족들은 왕을 납치하거나 감금한 후 왕 대신 권력을 휘두르기

---

1 David Stevenson, *The Scottish Revolution, 1637-44: Triumph of the Covenanters* (Newton Abbot: David & Charles, 1973), p.19; 강미경, 「James 1세 왕권신수설 형성의 정치적 배경」, 『역사교육논집』 38 (2007), p.300.

2 미성년으로 즉위한 왕들과 그들의 즉위 나이는 다음과 같다. 제임스 2세(James II) 여섯 살, 제임스 3세(James III) 아홉 살, 제임스 4세(James IV) 열여섯 살, 제임스 5세(James V) 생후 17개월, 메리 여왕 생후 6일, 제임스 6세 생후 13개월. 이들 중 제임스 4세를 제외

스코틀랜드의 제임스 4세(James IV)와 그의 왕비 마거릿 튜더(Margaret Tudor)

도 했고, 어린 왕의 섭정으로 무소불위의 권력을 행사하며 왕을 폐위하거나 교체하기도 했다.

예를 들어 제임스의 외할아버지 제임스 5세(James V, 재위 1513-1542)는 태어난 지 17개월 만에 왕위에 올랐기에 친정(親政)체제를 확립할 때까지 세 명의 섭정을 거쳐야 했다. 그들 중 제임스 5세의 모친 마거릿 튜더(Margaret Tudor, 1489-1541)의 재혼 상대였던 아치볼드 더글러스(Archibald Douglas, 6th Earl of Angus, 1489-1557)는 어린 왕을 포로로 잡고 3년간 왕 대신 권력을 행사했다. 또 제임스 6세의 모친이었던 메리 여왕은 태어난 지 6일 만에 왕위에 올랐기에 여왕의 모친 마리 드 귀즈(Marie de Guise, 1515-1560)와 제임스 해밀턴(James Hamilton,

---

한 모든 왕이 섭정의 통치를 겪었다.

1st Duke of Châtellerault, 2nd Earl of Arran, 1519-1575)[3]이 섭정을 맡아 무려 19년간 스코틀랜드를 다스렸다.

제임스 역시 어린 나이에 왕위에 올라 강력한 귀족들의 섭정에 시달려야 했고, 귀족들의 권력 다툼 속에서 생명을 위협받기도 했다. 제임스의 두 번째 섭정이었던 레녹스 백작(4th Earl of Lennox, Matthew Stewart, 1516-1571)은 적대적인 해밀턴(Hamilton) 가문의 귀족들에 의해 제임스의 눈앞에서 살해당했다. 또 아가일 백작(6th Earl of Argyll, Colin Campbell, c.1541/1546-1584)을 비롯한 하일랜드(Highland)의 유력 귀족들이 무장한 채 스털링성에 쳐들어와 제임스를 위협한 적도 있었다. 이뿐만이 아니었다. 1582년에는 고리 백작(William Ruthven, 1st Earl of Gowrie, 1541-1584)이 사냥 중이던 제임스를 납치한 후, 스코틀랜드의 가톨릭 세력을 추방하라고 강권하기도 했다(루스벤 습격 사건, Raid of Ruthven).[4] 이러한 사건들은 당시 미성년 국왕의 등극과 섭정들의 통치로 스코틀랜드의 왕권이 매우 약해졌음을, 또 강성한 세력을 구축한 귀족들 간의 세력 다툼으로 왕의 안전까지 위협받고 있었음을 실증하는 좋은 예이다. 제임스가 보다 강력한 왕권을 갈구하게 된 중요한 이유 중 하나도 바로 여기에 있다.

---

3 제임스 해밀턴의 조모는 스코틀랜드 제임스 2세의 장녀이고, 그의 아내 마거릿 더글러스(Margaret Douglas, d. 1579)는 제임스 더글러스(James Douglas, 3rd Earl of Morton, d. 1548)와 제임스 4세(James IV, 1473-1513)의 사생아 캐서린 스튜어트(Catherine Stewart)의 딸이다. 제임스 5세가 사망했을 때 그 역시 스코틀랜드 왕위 계승자 중 하나인 장로파 귀족이었다. 친잉글랜드파였던 그는 헨리 8세의 아들 에드워드와 메리의 결혼 협상을 추진하기도 했다.

4 Jane, E. A. Dawson, *Scotland Re-Formed, 1488-1587* (Edinburgh: Edinburgh University Press, 2007), pp.310-311.

### 두 왕국 이론(Two Kingdoms Theory)과 저항이론

그런데 강력한 귀족 세력만 왕권을 위협했던 것은 아니다. 스코틀랜드에서는 장 칼뱅(John Calvin, 1509-1564)의 영향을 받은 존 녹스(John Knox, 1514-1572)와 귀족들의 주도로 종교개혁이 단행(1560년)되었고, 장로교가 득세하게 되었다. 왕과 교회 사이의 관계에서 스코틀랜드 교회가 주장했던 것은 교회를 왕으로부터 철저하게 독립시켜야 한다는 '두 왕국 이론'과 부당한 왕에 대한 저항은 합법적이라는 '저항이론'이었다.

교회의 독립성을 강조하는 두 왕국 이론에 따르면 스코틀랜드에는 두 개의 왕국과 두 명의 왕이 존재한다. 그중 하나는 그리스도와 교회가 중심이 되는 왕국인데, 여기에서는 왕도 한 명의 신도에 불과하다. 제임스는 1567년에 스코틀랜드 왕위에 올랐는데, 이때 장로교 개혁가들은 제임스에게 프로테스탄트 신앙에 찬성할 것, 그리고 자신들의 감독하에 독실한 행정장관처럼 행동할 것을 맹세하게 했다. 그렇다면 제임스는 대관식 때부터 이 이론을 강요받은 것이 된다.[5] 이렇듯 스코틀랜드 교회는 두 왕국 이론을 앞세워 교회에 대한 국왕의 간섭을 차단하면서 국왕을 교회의 세속 대리인으로 취급하려 했다.

그러나 왕권에 대한 스코틀랜드 교회의 공격은 여기서 끝나지 않

5 Jenny Wormald, "James VI and I, *Basilikon Doron* and *The Trew Law of Free Monarchies*: Context and The English Translation" in *The Mental World of the Jacobean Court,* ed. Linda Levy Peck (Cambridge: Cambridge University Press, 1991), p.43. 제임스는 생후 13개월 만에 즉위하였으므로 이 맹세는 본인이 아니라 대리인을 통해 이루어졌다.

았다. 제임스가 더욱 심각하게 생각했던 것은 장로교의 저항이론이었다. 왕권이 신민들에게서 유래했으므로 만약 왕이 올바른 통치를 하지 못하면 신민들이 그 권리를 빼앗을 수 있다는 대담한 개념은 16세기 초반까지 단순히 이론으로만 남아 있었다.[6] 그러나 스코틀랜드 장로교는 이러한 이론을 자신들의 종교에 실제로 적용했다. 이런 상황은 당시 녹스와 메리 여왕 사이의 인터뷰에도 잘 드러나 있다. "당신은 신민들이 그들의 군주에게 저항할 권리를 가졌다고 생각하는가?"라고 메리가 묻자, 녹스는 나쁜 지배자에 대한 저항은 신이 허가한 신민들의 권리라며 다음과 같이 대답했다.

존 녹스(John Knox)

> 만약 군주들이 아주 확실하게 그들의 한계를 넘어선다면 …… 그리고 아버지와 어머니가 미치거나 자신들의 아이들을 살해하려 한다면 그 광란이 지나갈 때까지 그들을 결박하거나 무장을 해제시킬 수 있습니다. …… 왜냐하면 이것은 신의 말씀과 일치하는 것이기 때문입니다.[7]

---

6 Peter Hume Brown, *George Buchanan: Humanist and Reformer, A Biography* (Edinburgh: David Douglas, 1890), p.275.

7 John Knox, *History of the Reformation in Scotland,* ed. D. Laing, II (Edinburgh:

1567년 메리 여왕의 폐위는 이런 저항을 보여주는 대표적인 사건이었다. 이 사건의 계기는 1567년 2월 9일 에든버러(Edinburgh)의 커크 필드 하우스(Kirk field house)에서 일어난 단리 경 살해 사건과 그 해 5월 치러졌던 메리와 보스웰 백작(Earl of Bothwell, James Hepburn, 1534-1578)의 결혼이었다. 단리와 메리의 관계는 그가 여왕의 비서였던 데이비드 리치오(David Rizzio, 1533-1566)를 여왕의 면전에서 살해한 후 멀어졌는데, 그런 상황에서 단리가 의문의 폭탄 테러로 사망하였다. 이 사건의 주모자로 가장 의심을 받았던 사람은 보스웰 백작이었지만, 여왕은 주모자를 찾으려고 노력하기보다는 오히려 그를 향한 비난을 막는 데 급급했다. 게다가 메리는 단리가 죽은 지 세 달도 지나지 않아 주위의 반대를 무릅쓰고 보스웰 백작과 결혼했다. 이로 인해 메리는 보스웰 백작과 공모한 것으로 여겨졌고, 그들의 결혼은 부도덕의 상징처럼 되어 버렸다. 이 사건은—여왕의 실제 공모 여부와는 관계없이—당시 신실한 가톨릭교도로서 장로교회와 힘든 투쟁을 벌이고 있던 여왕의 평판에 치명타를 입혔다. 1567년 3월 에든버러에서 열린 장로교 총회에서는 단리 경 살해 사건과 이에 대한 여왕의 대처가 스코틀랜드 귀족들을 분열시켰고, 스코틀랜드에 대한 유럽의 비난을 초래했다는 주장이 빗발쳤다. 결국 격분한 장로교 지도자들은 메리의 폐위를 결정했고, 왕위는 그녀의 아들인 제임스에게로 넘어갔다. 그런데 장로교 성직자들과 귀족들

---

Wodrow Society, 1873), p.282; Patrick Fraser Tytler, *History of Scotland: from the accession of Alexander III, to the union*, III (Edinburgh: William P. Nimmo, 1873), p.154; Brown, *George Buchanan*, pp.282-283.

이 여왕을 몰아낸 이 사건은 제임스에게도 얼마든지 일어날 수 있는 일이었다.[8] 왕권에 대한 장로교의 이런 인식은 이후 조지 뷰캐넌(George Buchanan, 1506-1582)에 의해 어린 제임스에게 철저히 강요되었다.[9]

### 왕권에 대한 공격

이 시기 유럽에서는 프로테스탄트와 가톨릭 세력 간의 갈등, 왕의 대권(royal prerogative)과 백성의 저항권 간의 갈등이 고조되고 있었는데, 이는 스코틀랜드에서도 마찬가지였다. 그런데 또 하나 분명한 사실은 어린 왕 제임스의 생각과 선택이 향후 정국의 방향을 결정하는 데 중요한 영향을 끼칠 것이라는 점이었다. 스코틀랜드 장로교도들은 제임스가 가톨릭과 대륙의 절대주의 사상에 대적하는 강력한 신교도 국왕으로 성장하길 원했는데, 이를 위해서는 왕을 어떻게 교육해야 할 것인지가 매우 중요한 사안으로 대두되었다. 제임스의 첫 번째 섭정이었던 모레이 백작이 암살된 후 섭정 자리에 오른 레녹스 백작—그는 제임스의 할아버지이기도 했다—은 1570년 3월 스코틀랜드 추밀원 회의에서 이 문제를 논의하였다. 누구를 왕의 스승으로 임명할 것인가? 이것이 논의의 핵심이었는데, 결국 유럽에서 가장 뛰어난 인문주의자이며 스코틀랜드 장로교 이론에도 정통한 뷰캐넌

---

8 Brown, George Buchanan, pp.200-225; Thomas Finlayson Henderson, *The casket letters and Mary queen of Scots: with appendices* (Edinburgh: A. and C. Black, 1889), p.6.

9 뷰캐넌이 왕의 스승으로 있었던 기간은 1570년부터 1578년 섭정 모턴 백작의 죽음 이후까지였다. 하지만 그는 1582년 자신이 죽을 때까지 명목상 이 지위를 유지했다. 강미경, 「뷰캐넌의 장로교 저항사상과 제임스 6세의 왕권신수설」, p.154.

이 그 자리를 맡게 되었다.[10] 뷰캐넌은 스코틀랜드 역사와 다양한 신학 이론, 그리고 16세기의 강력한 신교 이론을 제임스에게 가르쳤고,[11] 자신의 저서들을 헌정함으로써 자신의 종교적 입장을 강요하려 하였다.

그는 『세례』(*Baptistes*, 1542)[12]를 통해서는 왕이 어떻게 해야 폭군으로 취급받지 않는지를, 그리고 『스코틀랜드 왕의 권한』(*De Jure Regni Apud Scotos*, 1579)[13]을 통해서는 왕과 신민 사이의 계약을 어긴 사악한 왕들에게 신민들이 어떻게 저항했는지를 구체적으로 설명했다.[14] 그는 이런 무서운 이야기들을 통해 신민과 맺은 계약의 중요성을 제임스에게 가르치려고 했던 것이다. 왕을 포함한 모든 사람이 법 아래에 있으므로 법을 어기면 왕도 신민들에 의해 소환·투옥·추방되거나 죽임을 당할 수 있다고 그는 주장했다.[15]

그러나 문제는 이뿐만이 아니었다. 당시 대륙에서 유행하던 두 가지 논쟁이 이론가들의 저서를 통해 스코틀랜드로 유입되기 시작했

---

10 Lisle, *After Elizabeth*, p.52.

11 강미경, 「뷰캐넌의 장로교 저항 사상과 제임스 6세의 왕권신수설」, 『대구사학』 98 (2010), p.161.

12 1642년 이 책이 새로 번역되어 출판되었을 때 그 제목이 『전제적인 정부에 대한 분석』(*Tyrannical government anatomised; or, A discourse concerning evil councillors being the life and death of John the Baptist and presented to the Kings most excellent majesty*)이었다는 것은 시사하는 바가 크다. 이 책은 『스코틀랜드 왕의 권한』을 위한 기초 작업과 같은 역할을 했다.

13 여기에 등장하는 『스코틀랜드 왕의 권한』은 George Buchanan, *De Jure Regni Apud Scotos* (*The Powers of the Crown in Scotland*), ed. and trans. Charles Finn Arrowood (Austin: University of Texas Press, 1949)의 인터넷 번역판을 이용했음을 밝힌다.

14 Brown, *George Buchanan*, pp.124–125.

15 W. B. Patterson, *King James VI and I and Reunion of Christendom* (Cambridge: Cambridge University Press, 1997), p.24; 강미경, 「뷰캐넌의 장로교 저항 사상과 제임스 6세의 왕권신수설」, pp.151–152.

던 것이다. 사실 이 논쟁의 주제들은 모두 제임스의 왕권에 보탬이 되지 않는 것들이었다. 그중 하나는 교황이 신교도 왕을 폐위시키기 위해 그의 정신적인 권위를 사용할 수 있다는 것, 즉 교황의 국왕 폐위권에 대한 것이었고, 다른 하나는 앞서 언급한 장로교 저항이론에 영향을 미친 프랑스 위그노들의 저항이론이었다. 가톨릭교도들과 칼뱅주의자들 대부분은 정부가 신의 섭리에 따라 만들어진 자연적인 존재라는 사실을 받아들였다. 그러나 정부를 다스리는 왕의 권위에 대해서만큼은 생각이 달랐다. 특히 칼뱅주의자들은 왕권이 사회로부터 유래하였으므로 그 사회의 지배권은 최초의 구성원들에게 있다고 믿었다. 따라서 후일 계약을 통해 권력을 양도받은 왕이 구성원들의 이익을 침해하는 행동을 한다면, 그는 권력을 제한당하거나 퇴위당해야 한다고 주장했다.[16] 이것은 당시 대두된 인민주권이라는 새로운 정치 신조와 관계된 주장이었다.

가톨릭의 국왕 폐위권 논쟁에 참가한 대표적인 이론가는 스페인의 제주이트(Jesuit) 프란체스코 수아레즈(Francisco Suarez, 1548-1617)[17]와 이탈리아의 가톨릭 추기경 로베르토 벨라르미노(Roberto Bellarmino, Robert Bellarmine, 1542-1621)였다. 이들의 주장에 따르면 왕의 권력은 신민들의 양도를 통해 왕에게 부여된 것이었다.[18] 그러나 스코틀랜드에서 보다 널리 유행했던 것은 위그노의 저항이론이었는는

16 J. P. Sommerville, *Politics and Ideology in England, 1603-1640* (Harlow: Longman, 1986), p.21.

17 Leroy Loemker, *Struggle for synthesis, The seventeenth century background of Leibniz's synthesis of order and freedom* (Cambridge, Mass: Harvard University Press, 1972), p.112.

18 Sommerville, *Politics and Ideology in England, 1603-1640,* p.22.

데, 이 이론을 대표하는 인물로는 제임스의 스승인 뷰캐넌, 뷰캐넌의 스승인 존 메이어(John Mair, 1467-1550), 그리고 스테파누스 유니우스 부르투스(Stephanus Junius Brutus)라는 필명을 썼던 필립 드 모르네(Philippe de Mornay, 1549-1623)를 들 수 있다.

저항이론에 대한 메이어의 입장은 그의 저서 『영국의 역사』(*History of Greater Britain*, 1521)에 잘 드러나 있다. 이 책에서 메이어는 "처음으로 왕을 만든 것은 신민들이었기에 왕들이 특권을 남용할 경우 그들의 왕위를 빼앗을 수 있다."라고 언급했다.[19] 그는 또 『세속 문제 중 교황권과 관련된 논쟁』(*Disputation concerning the Power of the Pope in Temporal Matters*)에서는 왕이 신민의 간접적인 동의에 따라 힘을 부여받는다고 주장했다.[20] 메이어는 이런 저서들을 통해 권력이 왕이 아니라 사회에 부여되었다고 주장했던 것이다. 왕권은 최초의 백성과 그들의 첫 왕 사이의 계약을 통해 군주에게 주어졌을 뿐이므로 왕권 역시 왕국의 법에 의해 제한받으며, 계약을 어긴 왕들에 대한 신민들의 저항도 정당하다는 것이 그의 일관된 논리였다.[21]

### 『폭군토벌론』

위그노 저항이론에 관한 당대의 책들 중 가장 큰 영향을 끼친 것은 모르네의 『폭군토벌론』(*Vindiciae contra tyrannos,* 1579)과 뷰캐넌

19 Brown, *George Buchanan*, pp.280-281.
20 Francis Oakley, "On the road from Constance to 1688: The political thought of John Mayor and George Buchanan," *The Journal of British Studies* 1, no. 2 (1962), p.14.
21 Wormald, "James VI and Ⅰ, *Basilikon Doron* and *The Trew Law and Free Monarchies*," p.40.

의 『스코틀랜드 왕의 권한』이었다.[22] 이 두 책은 존 로크(John Locke, 1632-1704)의 『정부론』(*Two Treatises of Government*, 1690) 이전에 출판된, 절대왕정에 대항하는 모든 정치적 소책자들 가운데 가장 중요한 것이었다.[23] 특히 『폭군토벌론』은 당시 대부분의 위그노 저서에 그 내용이 인용되고 있을 정도로 중요한 저작물이었다. 물론 위그노 저서들 외에도 이 책을 인용한 예는 많다. 이 책은 잉글랜드의 대표적인 청교도 중 한 명이었던 토마스 후커(Thomas Hooker, 1586-1647)[24]가 엘리자베스 여왕에게 보낸 청원서에도 인용되었고, 존 밀턴(John Milton, 1608-1674)의 책 『잉글랜드 인민을 위한 두 번째 변론』(*Second defense of the people of England*, 1653)에도 인용되었다. 또 토마스 홀리스(Thomas Hollis, 1659-1731)가 밀턴의 『우상파괴자』(*Eikonoklastes*, 1649)에 대한 주석서를 쓸 때도 인용되었고, 미국 대통령 존 애덤스(John Adams, 1735-1826)의 책 『합중국 정부의 헌법을 위한 변론』(*A defense of the constitution of the government of the United States of America*, 1788)에도 인용되었다. 이러한 다양한 인용 사례는 『폭군토벌론』이 위그노를 넘어, 17세기 잉글랜드와 초창기 아메리카의 사상에도 큰 영향을 끼쳤다는 증거로 볼 수 있겠다.[25]

---

22 *Vindiciae contra tyrannos*의 번역본은 *Vindiciae contra tyrannos: or concerning the legitimate power of a prince over the people, and of the people over a prince*, ed. and trans. George Garnett (Cambridge: Cambridge University Press, 2003)이다.

23 Francis Oakley, "On the road from Constance to 1688," pp.1-31.

24 토마스 후커는 Cambridge 대학교 Emmanuel College 출신으로, 뛰어난 설교자이자 청교도 지도자였다. 1629년 캔터베리 대주교 윌리엄 로드(William Laud)가 설교자들을 핍박하자 그는 네덜란드를 거쳐 신대륙으로 이주했다. 이후 코네티컷 식민지 건설에 일조하여 '코네티컷의 아버지(the Father of Connecticut)'라 불리기도 했다.

25 Kathleen W. MacArthur, "*The Vindiciae Contra Tyrannos*: A chapter in the struggle for religious freedom in France," *Church History* 9, no. 4 (1940), pp.285-298.

『폭군토벌론』은 칼뱅과 그 제자들을 거쳐 내려오던 인민주권과 사회계약, 반란의 원리, 지배자들의 법률적 의무, 종교적 자유 등에 대한 위그노의 사상을 구체화한 것이었다. 이 책에서 저자는 폭군 토벌에 대한 네 가지 결론을 제시하고 있는데, 이를 요약하면 다음과 같다. 첫째, 신민은 세속적인 군주의 명령보다는 신의 명령에 복종해야 한다. 만약 둘 중 어느 한쪽을 선택해야만 할 경우라면 신민은 당연히 신을 따라야 한다. 둘째, 교회의 자유와 번영을 침해하는 지배자에 대한 저항은 합법적이다. 다만 이 주장에는 저항이 필요할 때가 언제인지를 결정하는 것은 신민이 아니라 행정관리들이라는 단서가 붙어 있기는 하다. 셋째, 군주는 신에 의해 임명되지만, 그것은 신과 신민 간의 계약에서 신이 신민의 권력을 군주에게 위탁한 것에 불과하다. 그러므로 신민은 군주의 폭정에 무력으로 저항할 수 있고, 이런 권리는 자연법과 국가법 그리고 인간 사회의 민법에 의해 정당화된다. 넷째, 전제군주의 폭정으로 정치적 혹은 종교적 자유를 위협받는 나라가 있다면, 그 나라의 신민을 도와야 한다.[26]

이상과 같은 주장들은 왕의 권리가 신민과의 계약에서 유래했다는 점, 따라서 이 계약을 위반한 왕에 대한 저항은 정당하다는 점을 이야기하고 있다. 사실 『폭군토벌론』 집필의 기본 목적은 종교적 자유의 추구에 있었다. 그럼에도 책 속에 이처럼 많은 정치적 의미들이 포함되어 있다는 것은 당시의 종교적 문제들이 정치와 밀접하게 연관되어 있었음을 방증해 준다.

---

26 MacArthur, *"The Vindiciae Contra Tyrannos,"* pp.285-298.

**『스코틀랜드 왕의 권한』**

『폭군토벌론』에 나타나는 위그노의 입장은 같은 칼뱅파를 받아들인 스코틀랜드에도 광범위하게 전파되었는데, 스코틀랜드에서 이 이론을 대표했던 인물은 뷰캐넌이다. 위그노의 저항이론을 스코틀랜드 귀족과 성직자들에게 전파한 그의 대표적 저작물은 『스코틀랜드 왕의 권한』인데, 뷰캐넌과 젊은 학자인 토마스 메이틀랜드(Thomas Maitland) 간의 가상 대화로 이루어져 있는 이 책은 『영국 인명사전』(*Dictionary of National Biography*)에 "절대주의 반대자들의 교과서다."[27]라고 언급되어 있을 정도로 당시 절대왕권에 대항하던 사람들에게는 매우 영향력 있는 정치 에세이였다. 하지만 군주의 입장에서는 엄청나게 걱정스러운 책이었다.[28] 실제로 이 책은 이후 잉글랜드 의회파의 저항이론가들뿐 아니라 다른 많은 사상가들에게도 큰 영향을 미쳤다. 작은 분량의 이 책이 이토록 큰 영향을 끼칠 수 있었던 것은 존 밀턴의 『잉글랜드인들을 위한 변론』(*Defence of the People of England*, 1651)이나 사무엘 러더포드(Samuel Rutherford, 1600-1661)의 『법과 군주』(*Lex Rex*, 1644)를 능가하는 명확함 때문이다.[29] 결국 이러한 영향력을 우려한 스코틀랜드 의회는 의회법(Act of Parliament)을 근거로 출간된 지 5년밖에 안 된 이 책을 폐기 처분하였다. 또 이 책 소유자들에게는 40일 안에 이 책을 의회에 제출하라는 명령을 내렸다.[30] 물론 시련은 여기서 끝나지 않았다. 그 후에도

27 Buchanan, *De Jure Regni Apud Scotos*, p.7.
28 강미경, 「뷰캐넌의 장로교 저항사상과 제임스 6세의 왕권신수설」, p.153.
29 Brown, *George Buchanan*, pp.291-292.
30 *Act of the Parliaments of Scotland*, vol. iii. p.206.

이 책의 번역과 유통을 금지하는 조치가 여러 차례 내려졌기 때문이다. 이러한 공식적인 조치들은 당시 이 책이 얼마나 독보적인 위치에 있었는지를 대변해 준다.

사실 『스코틀랜드 왕의 권한』은 메리 여왕을 폐위했던 스코틀랜드인들의 행동이 정당했음을 보여주기 위해 서술된 것이다. 그런데 이 책이 1579년 재출판되어 제임스에게 헌정되었다. 이렇게 된 데는 여러 이유가 있겠지만, 스코틀랜드 역사 속에서 폭군들이 신민의 저항으로 어떻게 폐위되고 죽음에 이르렀는지를 보여주고, 이를 통해 어린 제임스에게 저항이론을 교육하겠다는 목적도 있었을 것이다. 이 저서에서 뷰캐넌은 사람들이 자신들의 안정과 정의를 유지하기 위해 국가를 만들었고[31] 그 국가의 구성원들은 "공정함과 선견지명을 가진 특출한 한 명에게 정치적 권위를 부여했다."라고 주장하며[32] 왕권이 신민에게서 유래했음을 분명하게 밝히고 있다. 그에 따르면 국가의 구성원들이 왕에게 권한을 부여하는 곳은 바로 왕의 대관식장이다. 이곳에서 왕이 "정의와 미덕으로 법을 유지하고 왕과 신민들 사이를 안정시킬 것"을 약속하면 신민들은 비로소 왕에게 복종의 맹세를 한다는 것이다. 이는 왕과 신민의 관계를 계약관계로 본 것으로, 왕은 이 계약에 따라 "공적인 이익을 위해 권위를 행사한다." 그러나 만약 독재자가 나타나서 이러한 계약을 파기한

31 뷰캐넌의 『스코틀랜드 왕의 권한』을 번역하고 편집한 애로우드(Charles Finn Arrowood)는 뷰캐넌과 메이틀랜드의 대화에 임의로 소제목을 달았다. 그에 따르면 정치 사회의 기원에 관한 것은 Part II, 「Chapter Four. Government's Owe Their Origins to Man's Original Nature, Not to Their Utility in Serving His Selfish interest」에 포함되어 있다.

32 Buchanan, *De Jure Regni Apud Scotos*, p.52.

다면, 그는 그 무엇보다도 더 사악한 괴물로 간주되어야 한다고 뷰캐넌은 역설했다.[33]

이 책에서 뷰캐넌은 국가를 움직이는 힘인 법에 대해서도 언급하고 있다. 그에 따르면 법은 책임감 있는 신민들의 대표자를 통해 만들어지고, 법률가와 같은 합법적인 전문가들에 의해 해석된다. 그는 이러한 법에 따라 지배하는 왕의 권력과 위엄에는 제한이 없고, 법의 미덕이 왕의 강력함의 근원이 된다고 주장한다.[34] 그는 또 왕이 법에 복종하기를 거부할 경우에는 어떻게 해야 하는지를 묻는 메이틀랜드의 질문에 이렇게 대답한다. "법적으로 다룰 수 없는 강도가 있다면 전쟁을 통해서라도 처벌해야 한다."[35] 만약 왕이 법을 위반한다면, 그 왕은 공공의 적이 된다. 그는 자신의 법 위반 행위에 대해 해명해야 한다. 그가 아무런 해명도 하지 않는다면, 이는 신민들과의 계약을 위반한 것이므로 신민들의 저항은 당연한 것이 된다고 뷰캐넌은 보았다. 이는 왕과 신민 사이에 맺어진 계약의 중요성과 더불어, 왕은 백성이 만든 법을 통해서만 권력을 행사할 수 있음을 강조한 것이다.

그런데 뷰캐넌의 이런 주장들은 로버트 퍼슨즈(Robert Persons, 1546-1610)가 쓴 『잉글랜드의 왕위 계승에 관한 논의』(*A Conference about the Next Succession to the Crown of England*, 1594)에서도 동일하게

---

33 J. N. Figgis, *Studies of Political Thought from Gerson to Grotius* (Cambridge: Cambridge University Press, 1931), p.140; Oakley, "On the road from Constance to 1688," p.9.

34 Buchanan, *De Jure Regni Apud Scotos*, pp.55-59.

35 Buchanan, *De Jure Regni Apud Scotos*, *passim*.

반복되고 있다. 잉글랜드 제주이트로서 왕권에 대한 저항이론을 공유했던 퍼슨즈 역시 군주의 권력이 백성에게서 유래했으며, 군주와 백성들의 계약 관계가 대관식 동안 행해진 맹세와 복종의 의식 속에 포함되어 있다고 주장했다. 나아가 그는 군주가 법과 이익에 따라 통치하지 않는다면 군주와 신민들 사이의 충돌은 피할 수 없으며, 군주는 합법적인 저항의 대상이 될 수 있다고 서술했다.[36] 물론 퍼슨즈의 주장은 잉글랜드 왕위에 대한 제임스의 주장을 약화시키고, 그 대신 스페인 왕녀의 계승권을 부각하려는 데서 비롯된 것이었다. 하지만 왕권의 유래와 저항의 정당성에 대한 설명은 뷰캐넌의 주장과 유사했다.

이상에서 본 바와 같이 제임스가 어머니인 메리 여왕의 뒤를 이어 제임스 6세로 즉위할 당시(1567년) 스코틀랜드의 왕권은 여러 상황으로 심각하게 약화되어 있었다. 제임스는 자신의 왕권을 통제하려는 귀족들과 국왕의 간섭을 거부하는 스코틀랜드 교회에 맞서, 그리고 왕권에 대한 신민의 저항을 정당화해 주는 이론적 공격에 맞서 자신의 안전과 왕권을 지켜 줄 새로운 사상이 필요했다.

---

36 Peter Lake, "The King(the Queen) and the Jesuit: James Stuart's True Law of Free Monarchies in Context/s," *Transactions of the Royal Historical Society* 14 (2004), p.251. 크로프트(Pauline Croft)는 그의 저서 *King James* (Basingstoke: Palgrave Macmillan, 2003)에서 로버트 퍼슨즈의 철자를 Robert Persons로 적고 있고, 피터 레이크는 이 논문에서 Robert Parsons로 적고 있다. 퍼슨즈의 원래 이름은 Robert Persons인데, 이후 Robert Parsons라는 이름으로도 알려졌기 때문이다. 이 책에서는 원래 이름을 따랐다.

제2절

# 사상적 배경

## 왕권신수설의 적용

16세기에 태동하여 17세기에 전성기를 맞이하였다가 시민혁명으로 막을 내린 절대주의 시대는 신으로부터 절대권을 부여받은 '잘난 왕들의 시대'이자 국가적으로 큰 업적을 남긴 '위대한 시대'로 각인되어 있다. 그러나 초창기의 절대군주들이 행사한 권력은 신이 준 것이 아니었다. 그것은 정치질서의 붕괴, 외국의 침략, 사회 불안, 도덕적 해이 등으로 나라가 어수선해지거나 민생이 도탄에 빠졌을 때 이를 타개하기 위해 왕이 '신의 이름을 빌려' 무제한으로 권력을 행사한 데서 비롯되었다.[37] 절대권력이라고 해서 신법이나 자연법의 제한을 전혀 받지 않는다는 의미는 물론 아니지만, 신의 이름을 빌린 덕분에 절대군주는 신민의 절대복종을 강요할 수 있었고, 자신들에 대한 반란은 곧 신에 대한 반란임을 각인시킬 수 있었

37 서정복, 『프랑스의 절대왕정 시대: 그 이미지와 실상, 무엇이 위대하고 절대적이었나』, 서울: 푸른 사상 (2012), pp.14-15.

다. 이런 이유로 절대주의의 중심 사상인 왕권신수설(the Divine Right of Kings)은 대륙의 많은 군주를 사로잡았는데, 이는 제임스도 마찬가지였다. 제임스의 입장에서 보면 당시의 정치·종교적 상황과 이론적인 논쟁들은 자신의 목숨과 왕권을 위협하고 내전과 같은 혼란을 초래할 수도 있는 위험천만한 것이었다. 결과적으로 그는 자신의 안전과 왕권을 지켜 내기 위해 대륙에서 유행하고 있던 왕권신수설을 받아들였고, 이를 자신의 통치에 적용하기 위해 끊임없이 노력하였다.

사실 제임스가 왕권신수설을 신봉했고 이를 자신의 통치에 실제로 이용했는지, 아니면 단순히 학문적 과시의 수단으로 활용했는지를 두고는 학자들 사이에서도 의견이 분분했다.[38] 제임스가 자신의 통치에 왕권신수설을 실제로 적용했다면 그에 대한 신민들의 저항이 17세기 잉글랜드 혁명의 발발에 영향을 미쳤을 수도 있다는 측면에서 학자들의 관심을 받아왔기 때문이다. 사무엘 로손 가드너(Samuel Rawson Gardiner)에 의해 시작되어 20세기 전반까지 주류세력을 형성했던 전통주의자들은 제임스 1세를 왕권신수설의 진정한 신봉자로 묘사했다. 특히 가드너는 제임스와 그의 아들 찰스 1세(Charles Ⅰ, 1600-1649)가 왕권신수설과 왕실의 특권을 지나치게 강조한 나머지 당시 잉글랜드에 확립되어 있던 보통법과 충돌했고, 잉글랜드 의회와도 갈등을 빚었는데, 결국 이것이 잉글랜드 혁명(English Revolution)[39]

38 제임스의 왕권신수설에 대한 연구는 강미경, 「제임스 1세 왕권신수설 형성의 정치적 배경」, 『역사교육논집』 38 (2007), pp.293-299를 참조할 것.

39 국내에서는 1642년과 1649년 사이에 일어난 사건에 대해 일반적으로 혹은 그 사건에 대한 해석에 따라 잉글랜드 혁명 혹은 내란(English Civil War)이라는 용어를 혼용해 왔다. 그

의 원인이 되었다고 주장한다.[40] 월레스 노트스타인(Wallace Notestein) 역시 가드너와 비슷한 생각이었다. 제임스가 왕권신수설에 기반한 정책을 펼치면서 잉글랜드인의 자유를 침해하였다는 것이다. 노트스타인에 따르면 잉글랜드인의 자유는 중세 이래 의회, 특히 하원에 의해 지켜져 왔다. 따라서 잉글랜드 혁명은 제임스 1세와 찰스 1세가 이 자유를 침해하려고 한 것에 대한 하원의 대응이었다.[41] 이처럼 전통학자들은 제임스가 자신의 왕권신수설을 현실에 적용하려 했는데, 이것이 당시 절대왕정을 거부하고 법의 지배, 의회와 국왕의 공동 통치, 개인의 자유 보호를 원했던 이들과 충돌하면서 갈등을 야기했다고 설명한다. 그러나 이들의 연구는 제임스의 실제 정치 행적보다는 그의 저서를 통해 드러난 주장에 치중한 측면이 강하다. 따라서 제임스가 신봉하던 왕권신수설이 구체적으로 어떤 상황에서 형성되고 시행되었는지를 자세히 설명하지 못하는 문제가 있다.

반면 이런 전통주의자들을 반박하며 등장한 수정주의자들(Revisionists)은 제임스의 왕권신수설을 그의 현학적 과시로 치부하였다. 17세기 잉글랜드에는 보통법을 통해 정치적 이념의 통일이 이미

---

러나 필자는 이 시기에 대한 대표적 연구자인 모릴(John Morrill)의 용어 선택을 빌려 전쟁 자체를 의미할 때는 'English civil war'를, 장기적인 시각에서 1640년대 전후의 상황을 기술할 때는 'English Revolution'을 사용하도록 하겠다. John Morrill, *The Nature of the English Revolution: Essays* (Harlow: Longman, 1993); 김민제, 「의회와 '잉글랜드 내전'(English Civil War)-휘그(Whig), 수정주의(Revisionism), 후수정주의(Post-revisionism)」, 『서양사론』 42 (1994), pp.127-132; 김중락, 「잉글랜드의 왕실 통합(1603)과 제임스 6세 겸 1세의 국가통합정책」, 『역사교육논집』 26 (2001), p.744 참조.

40 Croft, *King James*, pp.1-9; R. C. Richardson, *The Debate on the English Revolution Revisited* (London: Routledge, 1988), pp.85-86.

41 Wallace Notestein, *The Winning of Initiative by the House of Commons* (London: British Academy, 1924); 김민제, 「의회와 '잉글랜드 내전'(English Civil War)-휘그(Whig), 수정주의(Revisionism), 후수정주의(Post-revisionism)」, p.133.

이루어져 있었으므로 제임스의 정치적 주장이 실제로는 큰 위협이 되지 못했다는 것이다. 수정주의자들 중 한 명인 존 포콕(J. G. A. Pocock)은 존 포테스큐(John Fortescue, 1394-1476)와 에드워드 코크(Edward Coke, 1552-1634)가 잘 정리해 놓은 고대 국제(ancient constitution)에 대한 광범위한 공감대가 당시 정치계에 형성되어 있었다고 주장했다.[42] 존 포콕에 따르면 잉글랜드에서는 법에 의한 통치라는 관념이 지배적이었는데, 그 법은 오랫동안 잉글랜드 헌법처럼 인정되어 온 고대 국제, 즉 보통법이었다. 존 케년(John P. Kenyon)과 오스틴 울리치(Austin Woolrych)도 포콕과 비슷한 입장이었다. 제임스의 왕권신수설은 '이론의 영역에 국한된 것'이고, 제임스는 절대주의자가 아니었으며, 국가는 항상 보통법의 범위 안에서 통치되었다는 것이다.[43] 수정주의자들의 공통된 주장은 잉글랜드의 역사가 정치 원칙 간의 갈등이나 당파적인 투쟁 등과는 거리가 멀며, 당시에는 보통법이라는 하나의 정치적 이론이 존재하였고, 제임스 1세의 왕권도 보통법의 지배를 받았으므로 그의 왕권신수설은 현학적 과시에 불과하다는 것이다.

한편 1980년대가 되면 위의 두 이론과는 조금 다른 입장을 가진 이들이 등장하는데, 학계에서는 이들을 후수정주의자들(post-

42 Glen Burgess, *The Politics of the Ancient Constitution-An Introduction to English Political Thought 1603-1642* (London: Macmillan, 1992), p.4.

43 J. P. Kenyon, *The Stuart Constitution, 1603-1688* (Cambridge: Cambridge University Press, 1969), pp.8-9; J. P. Sommerville, "James I and Divine Right of Kings: English Politics and Continental Theory" in *The Mental World of the Jacobean Court*, ed. Linda Levy Peck (Cambridge: Cambridge University Press, 1991), p.57; Austin Woolrych, "Political Theory and Political Practice" in *The Age of Milton: Backgrounds to Seventeenth-Century Literature*, eds. C. A. Patrides and B. Waddington (Manchester: Manchester University Press, 1980), pp.34-71.

Revisionists)이라 부른다. 이들은 기본적으로 전통주의자들과 같은 입장이지만 전통주의자들이 도외시했던 당대의 정치적 상황까지를 고려의 대상으로 삼아 기존 전통주의자들이 노정한 약점을 보완하려 하였다. 후수정주의자들이 특히 관심을 보인 것은 제임스와 의회 사이의 대립에 관한 것이었다. 예를 들어 대표적인 후수정주의자인 조안 서머빌(J. P. Sommerville)은 1610년 하원과 제임스가 벌인 관세징수권 대립에 주목하였다. 그녀에 따르면 제임스는 관세징수권을 왕의 특권으로 생각했지만, 하원은 이를 의회 특권에 대한 침해로 생각했다는 것이다.[44] 서머빌은 이 대립을 통해 제임스가 왕권신수설을 신봉하고 있었고, 이를 실제 정치에 적용하려 했다고 주장한다. 또 다른 후수정주의자인 마이클 영(Michael Young)도 이와 비슷한 입장이어서, 의회와 국왕 간의 갈등을 절대왕권에 대한 갈등으로 파악하였다.[45] 토머스 콕스웰(Thomas Cogswell) 역시 1620년대에 이미 사상적 통일이 이루어져 있었다는 수정주의자들의 주장에 반대했다.[46] 이러한 후수정주의자들의 관점은 제임스가 왕권신수설을 신봉했고, 이를 실제 정치에 적용하려고 했던 것이 정치적 갈등의 중요한 원인이었다는 점을 함축하고 있다. 그러나 이들 역시 제임스를 혁명의 원인으로 다루었을 뿐, 그의 왕권신수설이 형성된 배경은 간

---

44 J. P. Sommerville, "Parliament, Privilege, and the Liberties of the Subject" in *Parliament and Liberty from the Reign of Elizabeth to the English Civil War,* ed. J. H. Hexter (Palo Alto: Stanford University Press, 1992), pp.58-59.

45 Michael Young, "Revisionism and the Council of War, 1624-1626," *Parliamentary History* 8-1 (1989), pp.1-27.

46 John Kenyon, "Revisionism and Post-Revisionism, in the Early Stuart History," *Journal of Modern History,* 64 (1992), pp.687-689.

과하고 있다는 점에서 전통주의자들과 비슷하다. 어떤 행동의 배경에 깔린 사상을 연구하기 위해서는 당대의 사회적 배경에 대한 연구가 필수적인데, 이를 간과하고 있는 것이다.

제임스가 왕권신수설을 현실 정치에 적용했는지에 대해서는 다양한 시각이 존재한다. 하지만 그의 정책이나 의회 연설 그리고 저서 등을 살펴보면 그가 진정으로 왕권신수설을 신봉했고, 이를 자신의 정치 활동에 실제로 적용하였음을 알 수 있다. 그는 또 자신의 정치적 신념인 왕권신수설이 공격받을 때는 여러 방법을 동원하여 반박했다.

제임스의 왕권신수설은 다양한 주장과 쟁점을 다루고 있으며, 오랜 기간에 걸쳐 서서히 완성되었다. 즉 그의 이론은 논리적 사유의 결과로 완성된 것이 아니라, 정치·종교적 상황에 따라 서서히 형성·확대된 것이었다. 그러니 제임스의 왕권신수설을 낳고 기른 것은 당대 스코틀랜드의 특수한 상황이었다고 볼 수도 있겠다. 사나운 귀족들과 장로교회를 상대해야만 했던 제임스로서는 자신의 안전과 왕권을 강화해 줄 사상이 절실했을 것이다.

### 보댕의 왕권신수설

당시 유럽 대륙에는 왕권에 저항하는 위그노 사상가들뿐 아니라 왕권의 절대성을 주장하는 절대주의 사상가들도 활약하고 있었고, 그들과 관계된 많은 저서가 출판되고 있었다. 그중 제임스의 왕권신수설에 가장 큰 영향을 미친 것은 장 보댕(Jean Bodin, 1530-1596)과 그의 책 『국가론 6서』(*Les Six livres de la Republique*, 1576)[47]였다. "왕 혹

47 『국가론 6서』는 제목에서도 알 수 있듯 여섯 부분으로 나누어져 있다. 제1부에서는 좋은 국

은 지배자는 가장 높고 영원한 권력으로 국가 속에서 신민들을 다스린다."라는 보댕의 주장은 아마도 뷰캐넌의 엄격한 교육하에서 저항이론의 정당성을 강요받던 제임스에게 큰 위안이 되었을 것이다.[48] 종교개혁 이후 프랑스에서는 전통적인 로마가톨릭과 위그노 세력 사이의 갈등이 무력 충돌로까지 이어졌고, 결국 국가의 존립을 위협할 정도의 내전으로 확대되었다. 보댕의 저서는 바로 이런 혼란의 시대에 하나의 현실적 대안으로 등장한 것이었다.[49]

이 책에서 보댕은 가족을 통해 국가의 유래를 설명한다. 그에 따르면 국가의 기본 요소 중 하나인 가족은 "모든 국가의 기원이자 진정한 원천이며 근본적인 구성 요소(제1서 2장)"다.[50] 이어서 그는 신민들이 법을 만들었다는 위그노들의 주장을 반박한다. 법은 백성들을 위해 주권자가 만든 것이기에 주권자는 불필요한 법을 없애거나 다른 법으로 교체할 수 있다는 것이다. '법'은 라틴어로 '주권을 가진 자의 명령'을 뜻하는데, 주권은 군주가 가지고 있고, 따라서 군주는 이 법 위에 군림할 수 있다는 논리다.[51] 그는 또 "주권 군주가 제정한 법이 정당하고 분명한 이유에 따라 정해졌다 하더라도 그

---

가를 지향하는 목적을, 제2부에서는 다양한 국가 체제들을 설명하고 있다. 또 제3부에서는 국가를 구성하고 있는 다양한 공직과 공동체를 다루고 있으며, 제4부에서는 왕정, 귀족정, 민주정을 각각 분석하고 있다. 이어지는 제5부에서는 백성의 본성을 이해하는 방법과, 국가의 형태를 그 백성과 조화시키는 방법을 제시하였다. 마지막 제6부에서는 국가의 또 다른 본질인 정의의 문제를 다루고 있다.

48 Jean Bodin, *The Six Bookes of a Commonweale*, ed. K. D. McRae (Cambridge, Mass.: Harvard University Press, 1962), p.84; Wormald, "James VI and I, *Basilikon Doron* and *The Trew Law and Free Monarchies*," p.43.

49 임승휘, 「장 보댕의 『국가론』과 절대주의」, 『프랑스사 연구』 13 (2005), pp.133-134.

50 임승휘, 「장 보댕의 『국가론』과 절대주의」, p.136.

51 장 보댕, 임승휘 역, 『장 보댕의 국가론』, 서울: 책세상 (2007), p.55.

법은 오로지 군주의 자유로운 의지에 의한 것(제1서 8장)"이라고 주장함으로써 법을 제정하는 것은 백성이 아니라 군주임을 거듭 강조했다.[52] 나아가 그는 군주가 자신이 만든 법을 지키겠다고 맹세했다고 하더라도, 그 법을 반드시 지켜야 하는 것은 아니라고 주장했다. 왕이 지켜야 할 것은 신법과 자연법뿐이므로 신성을 모독하거나 신에게 전쟁을 선포한 경우가 아니라면 법을 가지고 왕을 제어할 수 없다는 것이다.[53] 이 밖에도 그는 군주란 지상에 구현된 신의 "진정한 이미지"라는 언급을 통해 군주가 일반 백성과는 다른 존재임을 분명히 했고, 군주가 신법과 자연법을 존중하는 한 군주의 명령은 절대적이며, 따라서 군주의 의지에 대한 백성들의 복종 역시 절대적이어야 함을 강조했다.[54] 이런 보댕의 법 개념과 신의 대리인이라는 군주의 이미지는 제임스의 저서에도 그대로 차용되고 있다.

### 『자유 군주국의 진정한 법』

제임스의 왕권신수설 이론을 가장 잘 담고 있는 것은 그가 출판한 『자유 군주국의 진정한 법』[55]과 『바실리콘 도론』[56]이다. 왕권의 유

52 임승휘, 「장 보댕의 『국가론』과 절대주의」, p.143.
53 장 보댕, 『장 보댕의 국가론』, p.57.
54 임승휘, 「장 보댕의 『국가론』과 절대주의」, pp.57, 152, 154.
55 『자유 군주국의 진정한 법』(*The Trew Law of Free Monarchies*)은 James VI & I, *The Trew Law of Free Monarchies: or The Reciprock and mutuall dutie betwixt a free King and his naturall Subiects* (London: Printed by T. C. according to the copie printed at Edenburgh, 1603)와 James VI & I, *King James VI & I, Political Writings*를 비교·참고하였다.
56 『바실리콘 도론』(*Basilikon Doron*)은 King James VI & I, *Basilikon doron. Or His Maiesties instructions to his dearest sonne, Henry the prince* (At London: Imprinted by Felix Kyngston, for Iohn Norton, according to the copie printed at Edenburgh, 1603)와 King James VI and I, *King James VI & I, Political Writings*를

래, 왕과 신민의 상호 의무 등과 같은 왕권신수설의 핵심 주장을 잘 드러내고 있다는 점에서 이 두 저서는 많은 연구자들의 관심을 끌었다.[57] 그러나 무엇보다 중요한 것은 당시 지배적이었던 장로교 정치이론에 대한 제임스의 분명한 도전 의식이 이 두 저서에 담겨 있다는 점일 것이다.

장 보댕(Jean Bodin)

두 저서 중 특히 『자유 군주국의 진정한 법』은 제임스 왕권신수설 이론의 절대적 근거가 되는 책으로, 오직 신에 의해서만 통제되는 왕의 지배를 설명하고 있다.[58] 이 저서의 서문에서 제임스는 학식 있고 현명한 사람들이 신의 제도에 가장 근접한 것으로 인정하는 것이 바로 군주정이라고 주장하면서, 이를 스코틀랜드인들에게 인식시키고 군주와 신민의 상호 의무를 규정하는 것이 이 책의 집필 의도임을 밝히고 있다. 이어서 그는 신민들의 무지 혹은 저항이론에 대한 맹신이 "여러 국가의 파괴와 전복"을 초래했다고 주장한 후, 이 문제를 해결할 왕권신수설 이론의 필요성에 대해 다음과 같이 밝히고 있다. "태초부터 지금까지 어떤 국가도 오랫동안 무질서했던 우리나라보다 이 이론을 더 절실하게 필요로 한

---

비교·참조하였다.

57 강미경, 「제임스 1세 왕권신수설 형성의 정치적 배경」, pp.299-300.

58 Paul Christianson, "Royal and Parliamentary Voice on the Ancient Constitution c. 1604~1621" in *The Mental World of the Jacobean court*, ed. Linda Levy Peck (Cambridge: Cambridge University Press, 1997), pp.76-78.

적이 없었다." 이렇게 언급함으로써 제임스는 장로교 저항이론에 대한 불만이 이 책의 집필 이유였음을 분명히 밝힌 셈이다.[59]

제임스의 스승을 비롯한 여러 장로교 이론가들이 성서와 자연법에서 저항의 근거를 도출한 것에 대한 대응으로 그 또한 성서와 자연법, 그리고 특별히 스코틀랜드 역사에서 군주정의 근거를 찾아 제시한다. 제임스는 성서에 등장하는 다윗 왕을 예로 들어, 왕이 "신에 의해 지상에서 신의 자리에 앉게 되었다."라고 설명한다. 그에 따르면 이런 왕의 의무는 "신민들을 재판하는 것", "선한 사람은 상을 주고 악한 사람은 처벌하는 것", "좋은 법을 만들고 신민들의 좋은 목자로 행동하는 것", "왕국의 법에 따라 설립된 종교를 유지하고 그것을 바꾸거나 그 믿음을 방해하는 자를 처벌하는 것"이다.[60] 그는 또 왕이라면 자연법에 따라 신민들의 자연적 아버지로서 그들의 양육과 보호에 최선을 다해야 한다고 덧붙였다.[61]

제임스에 따르면 이러한 왕의 의무는 왕에 대한 신민들의 의무와 충성을 전제로 하는 것이다. 그는 「사무엘서」(Books of Samuel)를 근거로 신민의 의무를 다음과 같이 밝혔다.

> 신민들은 왕의 군사가 되어야 한다. 왕의 무기를 만들고 왕의 명령에 복종해야 한다. 또한 왕의 땅을 경작하고 그 생산물을 왕에게 바쳐야 하며, 왕의 하인으로서 왕을 존경하고 충성을 다 바쳐

---

59 James VI & I, *The Trew Law of Free Monarchies,* pp.64-65.
60 James VI & I, *The Trew Law of Free Monarchies,* pp.64-65.
61 James VI & I, *The Trew Law of Free Monarchies,* p.65.

> 야 한다. 더불어 왕의 재판 결과에 반드시 따라야 한다. 이러한 신민들의 의무는 대대손손 이어진다. 이 의무는 그 누구도 감히 부정하거나 회피할 수가 없다.[62]

더 나아가 제임스는 장로교의 저항이론가들이나 왕권에 반기를 드는 자들이 성서에서 그 근거를 찾는 것은 핑계에 불과하다고 힐난한다. 왕이 "백성들의 자유를 강탈하는 자, 독재자, 우상을 숭배하는 박해자라 할지라도 백성들은 복종해야만 한다"는 「예레미야서」(Book of Jeremiah)를 근거로 제임스는 다음과 같이 말한다.

> 신민은 국왕에게 복종할 의무가 있다. 국왕은 지상에서 신을 대리하는 자이므로 신에 대한 직접적인 대적을 제외한 모든 것에서 신민은 왕의 명령에 복종해야 한다. 왕은 신에 의해 신민들의 재판관으로 임명되었고, 그들을 심판할 권리를 가졌다. 왕은 오직 신에게만 책임이 있으므로 신에 의해서만 심판받을 수 있다.[63]

이것은 "만약 신민에게 해를 끼치는 왕이 있다면 그는 왕이 아니라 폭군이며 이러한 폭군의 죽음은 당연하다."라는 반대파의 주장에 대한 명백한 반박이었다.[64]

또한 제임스는 왕이 신민들에 의해 선출되었고 왕의 권력은 신민들에게서 유래한다는 주장에 대해서도 반박을 가한다. 제임스에 따르

62 James VI & Ⅰ, *The Trew Law of Free Monarchies*, p.63. 「사무엘서」 상 8장 9절-20절.
63 James VI & Ⅰ, *The Trew Law of Free Monarchies*, p.72
64 Buchanan, *De Jure Regni Apud Scotos*, pp.43-45.

면 스코틀랜드 왕권은 스코틀랜드 초기 역사의 특별한 상황 속에서 형성되었다. 거주자가 많지 않았을 때 스코틀랜드는 아일랜드 출신의 퍼거스(Fergus) 왕에게 정복당했고, 그 결과 퍼거스와 그의 후손들이 스코틀랜드 땅과 그곳에 사는 거주민들의 소유주가 되었다는 것이다.[65] 이러한 주장은 왕위 세습 이전의 왕은, 즉 최초의 왕은 백성들과의 계약으로 선출될 수밖에 없다는 저항이론가들의 주장을 반박하기 위한 것이다. 스코틀랜드에 의회나 법이 만들어지기 훨씬 전에 퍼거스에 의해 스코틀랜드 왕권이 시작되었고, 현 군주인 자신은 그로부터 유래한 파기될 수 없는 세습권에 의해 권위를 획득했다는 것이다.

왕과 신민들 사이에 상호 계약이 존재하며, 이러한 계약은 즉위식 선서에 함축되어 있다는 장로교도들의 논리도 제임스는 부정한다. "왕이 자신의 즉위식에서 혹은 왕이 자신의 왕국으로 들어올 때 신에 의해 주어진 명예롭고 진실한 직책을 수행할 것을 신민들에게 약속하였다."라는 점에는 그 역시 동의한다. 하지만 왕이 그 약속을 지키지 못해도 그 책임은 신민이 아니라 신에게만 지는 것이다. 따라서 왕과 신민 사이의 관계가 완전히 파괴되어도 신민이 국왕을 전복해서는 안 된다는 것이 그의 주장이다.[66] 더불어 그는 "왕과 백성 사이의 계약에 있어 유일한 재판관은 신"이라는 것을 강조함으로써 신민과의 계약을 위반한 왕에 대한 저항이 정당하다는 논리를 재차 반박한다.[67]

65 James VI & I, *The Trew Law of Free Monarchies,* pp.72-73.
66 James VI & I, *The Trew Law of Free Monarchies,* pp.79-84.
67 James VI & I, *The Trew Law of Free Monarchies,* pp.79-80.

법이 신민들의 대표를 통해 만들어진다는 저항이론가들의 주장 역시 제임스는 반박했다. 퍼거스 왕 이래로 스코틀랜드 왕들은 의회가 만들어지기도 전에 이미 자신들의 법을 만들어 이 땅을 지배했다는 것이다.[68] 그렇다면 왕이 법 위에 있는 것이 분명함에도 그 법을 따르는 것은 무엇 때문일까? 법을 통해 다스리는 모범을 보이기 위함이기도 하지만, 그 법이 결국 왕 자신의 것이기 때문이기도 하다는 것이 제임스의 주장이다.[69]

이 밖에도 제임스는 왕과 백성을 아버지와 아들에 비유하거나 다양한 부분들로 이루어진 신체에 비유하기도 했다. "아버지로서 좋은 군주는 백성의 지배자로서 국가를 다스리고, 머리인 왕은 몸인 백성들을 재판하고 보호하며 그들을 공격하는 악을 막는다."라는 식이다. 이는 물론 가족의 이미지를 빌려 왕권을 정당화하기 위한 것이다. 하지만 제임스는 "아이들의 의무가 아버지에게 복종하는 것이듯 백성들의 의무는 왕에게 복종하는 것"이며, 백성들의 이러한 의무와 복종은 왕 자신만이 아니라 자신의 합법적인 상속자와 후손에게도 해당하는 것이라는 주장을 잊지 않고 덧붙였다.[70]

제임스의 이러한 주장들은 신민과의 계약을 어긴 왕에 대한 저항이 정당하다는 장로파 이론에 대한 반박이지만,[71] 뷰캐넌의 저서

---

68 James VI & Ⅰ, *The Trew Law of Free Monarchies*, p.73.

69 James VI & Ⅰ, *The Trew Law of Free Monarchies*, p.73.

70 James VI & Ⅰ, *The Trew Law of Free Monarchies*, pp.76-79.

71 W. B. Patterson, *King James VI and Ⅰ and Reunion of Christendom*, p.23. 그 외에 J. W. Allen, *A History of Political Thought in Sixteenth Century* (London: Methuen, 1957), pp.103-120, 302-342; Quentin Skinner, *The Foundation of Modern Political Thought*, II (Cambridge: Cambridge University Press, 1978), pp.189-238, 302-348; J. H. Burns, "The Political Idea of the Scottish Reformation," *Aberdeen University*

『스코틀랜드 왕의 권한』에 대한 반박이기도 했다.[72] 제임스가 보기에 저항이론가들의 주장이나 뷰캐넌의 저서는 스코틀랜드에 내전과 혼란을 초래할 소지가 다분했는데, 이는 모두 스코틀랜드의 역사와 정치제도를 오해한 데서 비롯되었다는 것이다.[73]

### 『바실리콘 도론』

제임스의 왕권신수설 이론을 담고 있는 또 다른 저서는 『바실리콘 도론』이다. 제임스는 1598년에 필로파트리스(C. Philopatris)라는 필명으로 이 책을 출판하였다. 아들 헨리 왕자(Henry Frederick Stuart, Prince of Wales, 1594-1612)를 위한 일종의 왕권 지침서인 이 책은 처음에는 가족과 측근 등을 위해 단 7부만 출판되었다. 그러나 뜻밖에도 책 내용이 널리 유포되었고, 급기야 날조된 복사본들까지 유행하게 되었다. 제임스의 잉글랜드 왕위 계승이 유력해지자 새로운 왕의 생각을 궁금하게 여긴 많은 잉글랜드 국민이 이 책을 찾았기 때문이다. 미래의 신민들에게 이 책을 소개하는 것이 더 유리하다고 판단한 제임스는 초판본에 잉글랜드 독자들에게 보내는 글을 추가하여 런던으로 보냈는데, 1603년 4월경에 이미 8개의 편집본이 출판되었을 정도로 큰 인기를 얻었다.[74]

---

*Review*, 36 (1955-1956), pp.251-268; Maurice Lee, *Great Britain's Solomon: James VI and Ⅰ in His Three Kingdoms* (Urbana: University of Illinois Press, 1990), pp.81-86을 참조.

72 Patterson, *King James VI and Ⅰ*, p.23.

73 Patterson, *King James VI and Ⅰ*, p.24.

74 Wormald, "James VI and Ⅰ, *Basilikon Doron* and *The Trew Law and Free Monarchies*," p.51. 초판본의 서문에 추가된 '독자에게(To the Reader)'는 책의 평판을 떨어뜨리려는 일부 악의적인 사람들이 이 책 일부만 발췌 인용하여 제임스 자신의 종교적인 신

제임스는 먼저 서문에서 세 개의 장으로 구성된 본문 내용을 개략적으로 설명하고 있다. 특히 첫째 장 '신에 대한 왕의 의무(A Kings christian duetie towards god)'에 대한 요약에서 제임스는 청교도들을 재세례파(Anabaptist)의 한 분파로 설명한 후, 그들이 마치 자신들만 진실한 믿음을 가진 것처럼 행동하고 있다고 비난한다. 이는 청교도들과 일부 경박한 설교자들이 그의 저서 일부를 인용하여 웃음거리로 삼은 것을 겨냥한 것이다. 제임스는 만약 청교도들이 왕에 대한 논쟁을 계속하거나 법을 위반한다면 그들을 처벌하라고 아들에게 충고하고 있다. 그렇지만 이들과의 논쟁으로 교회의 평화가 깨진다면, 이는 가톨릭교도들에게만 이익이 될 뿐이므로 신중하게 행동할 것을 함께 당부하고 있다.[75] 종교에 대한 그의 입장은 바로 이러한 부분에서 잘 드러난다. 자신이나 자신의 왕권에 대한 비난에 대해서는 종파를 막론하고 처벌해야 한다는 주장을 펴고 있지만, 동시에 자신이나 교회의 안정을 위해 극단적인 파들 사이의 갈등을 견제하는 것 역시 잊지 않고 있는 것이다. 이는 그가 종교 문제에 어떻게 접근하고 있는지를 보여주는 전형적인 사례다. 뒤에서 다시 다루겠지만 제임스의 경우 종교 문제는 대부분 자신의 정치 문제와 직접적으로 연결되어 있었다.

『바실리콘 도론』의 첫째 장('신에 대한 왕의 의무')에서 제임스는 먼저

---

실함을 의심케 한 것, 그리고 자신의 어머니 메리 여왕의 처형 때문에 자신이 잉글랜드인들에게 복수심을 지니고 있다는 소문에 대한 해명을 포함하고 있다. 이와 관련해서는 James VI & I, *Basilikon doron*, p.5를 참조할 것. 한편 이 '독자에게'는 1603년과 1606년 인쇄본에만 등장하고 그 이후에는 등장하지 않는다. 잉글랜드 왕위 계승 초기에 잉글랜드 신민들에게 자신의 심경을 밝힐 목적으로 쓴 글이기 때문이다.

75 James VI & I, *Basilikon doron*, pp.3-12.

자신의 종교적 신념을 피력한 후, 이를 따를 것을 아들에게 권고한다. 더불어 "신은 너를 왕위에 앉히고, 다른 사람들을 지배하도록 작은 신으로 만들었고 …… 다른 사람들 위에 너를 세웠다."라고 주장하면서 "왕의 세속적 영광은 신에 의해 왕들에게 주어진 것"이라는 왕권신수설 이념을 명백하게 밝히고 있다.[76] 또 두 번째 장('왕의 직책에 대한 의무')에서는 자신의 관심사가 무가치하고 독선적인 청교도들, 즉 멜빌주의자들을 비판하고 왕권의 정당성을 밝히는 데 있다고 서술하면서 장로교도들까지 함께 비난한다. "왕과 군주들이 교회의 자유에 대한 자연적인 적"이라고 그들이 신민들을 공공연히 선동하고 있다는 것이다. 나아가 그는 자신이 단지 "국왕이라는 이유" 때문에 이러한 비난에 시달리는 것이지, 자신에게 죄가 있는 것은 아니라고 항변한다.[77] 이러한 주장을 통해 제임스는 장로교의 두 왕국 이론을 비판하려 했던 것이다.[78]

제임스는 서문에서 "만약 네가 나라를 잘 지배하려 한다면 거룩한 신의 법을 준수해야 하고, 너의 모든 법은 신의 법에 따라 만들어야 한다."[79]라는 말로 왕이 성서를 근거로 법을 만들어야 함을 강조한 바 있는데, 이는 두 번째 장에서 확대·반복되고 있다. 이 장에서 제임스는 왕이 자신의 임무를 잘 수행하기 위해 "신민들의 번영과 평화에 도움이 되는 좋은 법을 제정하고 실행하는 것"이라고 주장한다. 그리고 『자유 군주국의 진정한 법』에서도 언급했던 것처럼 왕이

---

76 James VI & I, *Basilikon Doron*, pp.12-19.
77 James VI & I, *Basilikon Doron*, pp.19-49.
78 강미경, 「제임스 1세 왕권신수설 형성의 정치적 배경」, p.309.
79 James VI & I, *Basilikon Doron*, pp.1-3.

자신이 만든 법을 잘 지키는 것은 곧 신민들에게도 좋은 본보기가 되는 일임을 강조하고 있다.[80] 이는 신민들이 법의 근원이라는 장로교들의 주장을 반박하고, 왕이 법의 근원임을 강력하게 주장한 것이기도 하다.

헨리 왕자(Prince Henry)

제임스는 장로교 저항이론에 대한 대응으로 『자유 군주국의 진정한 법』을 썼고, 아들의 교육을 위해 『바실리콘 도론』을 썼다. 그러나 이 두 책은 제임스 자신을 위해 쓴 것이라고 말할 수도 있겠다. 두 책 모두 자신의 생각을 신민들에게 알리는 데 널리 이용되었기 때문이다. 제임스의 이런 생각들은 잉글랜드 왕위 계승 이후 추밀원이나 의회에서 행한 그의 연설에서도 지속적으로 표출되었다. 법관들이 국왕의 특권을 두고 논쟁하자 제임스는 추밀원 연설(1616년)에서 이렇게 말했다. "국왕의 절대적인 특권은 법관들의 논의 주제가 될 수 없다. 그것에 대해 논의하는 것은 합법적이지도 않다." 이어서 그는 "신이 무엇을 할 수 있는지를 논의하는 것이 신성모독이고 무신론인 것처럼, 왕이 무엇을 할 수 있는지를 신하들이 논의하는 것 역시 건방진 짓"이며, 이렇게 "국왕의 특권과 명예에 대항하여

80 James VI & I, *Basilikon Doron*, pp.19-49

간섭하려 드는 것을 용서할 수가 없다."라고 강하게 비난했다.[81] 이러한 언급들은 두 권의 저서에서 드러난 그의 생각이 현실 정치 속에서 좀 더 진전된 형태로 표현되고 있음을 보여주는 좋은 예이다.

제임스는『자유 군주국의 진정한 법』과『바실리콘 도론』을 통해 위그노나 장로교들의 저항이론들을 반박하고, 자신의 절대왕권을 강화할 수 있는 새로운 사상을 체계화하려 했다. 여기서 우리가 놓치지 말아야 할 것은 그의 종교 정책이 왕권신수설에 근거를 둔 대단히 정치적인 입장에서 추진되었다는 점이다. 제임스에게 교회는 한낱 종교 기구가 아니라 정치 질서를 굳건히 해 주는 일종의 요새였다.

81 James VI & I, A Speech to parliament of 20 June 1616 in King James VI and Ⅰ, *King James VI & Ⅰ, Political Writings*, ed. J. P. Sommerville (Cambridge University Press, 1994), pp.204-228.

제2장

# 장로교 정책

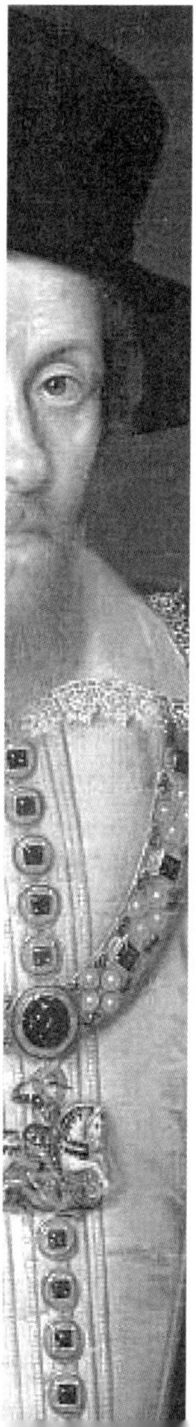

제1절

# 장로교 총회의 통제

### 신의 어리석은 종

1560년 종교개혁에 성공한 스코틀랜드는 '회의에 의한 조직(government by assemblies)', 즉 장로회(Presbytery)[1]라는 독특한 교회 제도를 채택하였다.[2] 이러한 스코틀랜드 교회가 왕권과의 관계에서 주장했던 이론은 교회가 왕권으로부터 철저히 자유로워야 한다는 두 왕국 이론이었다.

1578년 에든버러 총회를 통과한 『제2 규율서』(*the Second Book of Discipline*)를 통해 멜빌(Andrew Melville, 1545-1622)이 주장한 두 왕국 이론의 핵심은 그와 제임스 6세 간에 벌어진 에피소드에 잘 드러나 있다. 멜빌은 교회 문제에 간섭하려는 제임스를 '신의 어리석은 종(God's silly vassal)'이라 부르며 그의 옷소매를 잡아당긴 후 다음과 같

1 '장로회(presbytery)'는 이후 '노회'라는 용어로 통일해 표기함.

2 W. R. Foster, *The Church before the Covenants, The Church of Scotland, 1596-1638* (Edinburgh & London: Scottish Academic Press, 1975), pp.23-24; 이경아, 「스코틀랜드 장로교와 영국혁명-국민성약파를 중심으로」, 『통합연구』 7-3 (1994), p.117; 김중락, 「영국의 왕실 통합(1603)과 제임스 6세 겸 1세의 국가통합정책」, p.760; 강미경, 「뷰캐넌의 장로교 저항사상과 제임스 6세의 왕권신수설」, 『대구사학』 98 (2012), pp.140-141.

은 유명한 말을 남겼다.[3]

> 전하, 이 말씀은 꼭 드려야겠습니다. 지금 스코틀랜드에는 두 명의 왕과 두 개의 왕국이 있습니다. 그리스도와 교회가 그중 하나인데, 이 왕국에서 전하는 왕도 우두머리도 영주도 아니며, 단지 한 사람의 구성원에 불과합니다.[4]

멜빌의 이러한 주장은 한 명의 개인이 두 개의 권력, 즉 '세속 권력(the civil sword)'과 '정신적 권력(the spirituall keyis)'을 모두 가질 수는 없다는 『제2 규율서』의 내용과 일치하는 것이다.[5]

하지만 교회에 대한 왕의 권리 일체를 부정하는 이 같은 주장은 매우 파격적인 것이었다. 이 당시 유럽의 어떤 왕도 자국 교회에 대한 권리를 빼앗긴 경우가 없었기 때문이다. 종교와 정치를 구분하기 어려운 시대였기에 교회에 대한 권리를 포기하는 순간 왕은 허수아비로 전락할 위험에 처하게 된다.[6] 제임스의 입장에서도 장로교의 이러한 주장은 자신의 왕권을 심각하게 위협하는 것이었다. 게다가 장로교도들은 군주권의 본성과 지위에 관해 끊임없이 논쟁을 벌

---

3 김중락, 「'고상함과 통일(decencie and uniformitie)'을 찾아서-스코틀랜드 「공동기도서」와 찰스 1세의 이상적 교회」, 『서양사론』 102 (2009), pp.74-75; 강미경, 「James 1세 왕권신수설 형성의 정치적 배경」, p.301.

4 J. Melville, *The Autobiography and Diary of Mr James Melville*, ed. R. Pitcairn (Edinburgh: Wodrow Society, 1842), p.340; T. McCrie, *Life of Andrew Melville*, II (Edinburgh: William Blackwood & John Murray, 1819), p.66; W. Morison, *Andrew Melville* (London: Still Waters Revival Books, 1899), p.91; Alan R. MacDonald, *The Jacobean Kirk, 1567-1625: Sovereignty, Polity and Liturgy* (Aldershot: Ashgate, 1998), p.64.

5 Kirk, ed., *The Second Book of Discipline: with an Introduction and Commentary*, pp.166, 169-170.

6 강미경, 「James Ⅰ세의 왕권신수설 형성의 정치적 배경」, p.302.

이며 제임스의 왕권을 위협하였다. "스코틀랜드의 장로교는 교황중심주의보다 더 짜증 나고 더 간섭하려 드는 교권중심주의(clericalism) 체제였다."라는 제임스의 언급은 그가 당시 장로교를 어떻게 생각하고 있었는지를 잘 보여준다.[7]

그렇다면 제임스는 이런 장로교에 어떻게 대응했을까? 지금까지의 연구성과들을 살펴보면 제임스가 잉글랜드 주교제를 도입하여 스코틀랜드 장로교를 통제하려 했다는 주장이 주류를 이루고 있다. 제이슨 화이트(Jason White)는 교회의 독립성을 주장하는 스코틀랜드 교회와 왕의 대립은 당연한 것이었고, 잉글랜드 왕위 계승 후 제임스는 잉글랜드의 주교제 안에서 장로교에 대한 일련의 개혁을 실시했다고 주장했다.[8] 맥카퍼티의 생각도 이와 비슷하다. 스코틀랜드 교회가 교회에 대한 왕의 권리를 인정하지 않았을 뿐 아니라 오히려 교회가 왕을 징벌할 권리를 가지고 있다고 믿었기 때문에 이들과 싸우기 위해 제임스가 주교제 시행 카드를 꺼내 들었다는 것이다.[9] 베르나르 부르댕(Bernard Bourdin) 역시 제임스가 왕권에 제약을 가하려는 장로교의 의도에 맞서기 위해 총회(General Assembly)를 이용했고, 주교제를 재도입하여 국왕의 교회 지배권을 확보했다고 주장했다.[10] 고든 도날

7 J. N. Figgis, *The Theory of the Divine Right of Kings* (Cambridge: Cambridge University Press, 1896), pp.135-136; Roger A. Mason, "George Buchanan, James VI and the presbyterians" in *Scots and Britons-Scottish Political Thought and the Union of 1603*, ed. Roger A. Mason (Cambridge: Cambridge University Press, 1994), p.112.

8 White, *Militant Protestant and British Identity, 1603-1642*, pp.1-16.

9 John McCafferty, "The Churches and Peoples of the Three Kingdoms, 1603-1641" in *The Seventeenth Century* ed. Jenny Wormald (Oxford: Oxford University Press, 2008).

10 Bernard Bourdin, *The TheologicalPolitical Origins of the Modern State-The Controversy between James I of England & Cardinal Bellarmine*, trans., Susan

드슨(Gordon Donaldson)도 제임스가 암흑법(Black Acts)을 통해 주교제를 재확립하고 교회에 대한 국왕의 지배권을 확보했다고 보았다.

그러나 제임스는 '주교제 도입' 외에도 여러 방법을 병행했다. 이 절에서는 장로교 조직의 구성과 역할, 발달사 등을 먼저 검토한 후, 그가 구체적으로 어떤 방법을 동원해 장로교를 통제하고 자신의 왕권을 강화하려 했는지를 살펴보기로 하자.

### 장로교의 통제

제임스가 장로교를 통제하기 위해 주로 사용했던 방법은 장로교의 조직이나 예식과 관계되는 각종 교회 문제들을 자신의 지배권 아래 두는 것이었다. 그중 가장 먼저 시도한 것은 장로교의 핵심 기관인 총회에 대한 통제였다. 당시 장로교 조직은 가장 아래에 있는 당회(Kirk session), 중간의 노회(presbytery), 그리고 제일 상부에 위치한 총회로 구성되어 있었다.

교구 교회의 목사들(ministers)과 장로들(elders)로 구성된 당회는 장로교회의 가장 기본이 되는 조직으로, 스코틀랜드 종교개혁 초기부터 존재했다. 당회는 보통 일주일에 한 번—대개 일요일에—소집되었고, 교구의 목사들이 회의를 주재했다. 그들은 간통이나 안식일 문제, 우상숭배, 마법 등과 같은 교구의 다양한 문제들을 다루었고, 일부 문제들은 상위 기관이라 할 수 있는 노회로 보냈다.[11] 노회는

---

Pickford (Washington D. C.: The Catholic University Press, 2010).

11 설립 방법에 대한 정보는 거의 없지만 1600년경에는 많은 교구가 당회를 가지고 있었다. Foster, *The Church before the Covenants*, pp.66-84.

종교개혁 이후 스코틀랜드에서 발달한 가장 중요한 교회 법정이었고, 주로 당회에서 올라온 문제나 신자들의 파문 등과 같은 문제들을 다루었다. 아래의 〈표 1〉과 〈표 2〉를 통해 노회가 한 해 동안 다루었던 문제나 개최 횟수 등을 유추해 볼 수 있다.[12]

**<표 1> 1606년 페이즐리(Paisley) 노회**

| 안건 | 횟수 |
|---|---|
| Adultery(간통) | 22 |
| Fornication and contumacy(우상숭배) | 17 |
| Incest(근친상간) | 1 |
| Nonadherence(교회 불참석) | 1 |
| Failure to communicate(성찬식의 불이행) | 5 |
| Profanation of the Sabbath and contumacy(안식일에 대한 모독) | 2 |
| Nightwalking(밤에 돌아다니기) | 4 |
| Slander(명예훼손) | 1 |
| Assault on the Sabbath(안식일에 대한 비난) | 4 |

**<표 2> 1622년 제드버러(Jedburgh) 노회**[13]

| 안건 | 횟수 |
|---|---|
| Adultery(간통) | 11 |
| Fornication and contumacy(우상숭배) | 9 |
| Irregular Marriage(불법 결혼) | 2 |
| Profanation of the Sabbath and contumacy(안식일에 대한 모독) | 15 |
| Violation of Sabbath fast(안식일 단식의 위반) | 3 |
| Neglect of duty by an Elder(장로의 의무 태만) | 1 |
| Murder(살인) | 1 |

12 Foster, *The Church before the Covenants*, pp.98-99.

13 〈표 1〉과 〈표 2〉는 Foster, *The Church before the Covenants*, pp.66-99의 내용을 참조하여 작성한 것임.

그러나 당회와는 달리 노회는 종교개혁 초기부터 존재했던 기구가 아니다. 노회는 1581년에 총회가 약 50개의 노회 설립을 제안하면서 생겨났으며, 설립 초기에는 존재나 활동이 매우 제한적이었다.[14] 예를 들어 1596년 일곱 명의 목사로 구성된 글래스고 노회가 소집되었을 때 참가한 사람은 단 네 명에 불과했다. 참가 대상자 일곱 명 중 두 명은 너무 가난해서 모임에 참석할 수 없었고, 나머지 한 명은 병으로 움직일 수도 없는 상황이었다.[15] 그러나 이후 노회는 장로교의 핵심 기관으로 성장하며 그 수가 늘어났고, 교회 내 영향력도 점점 더 커졌다. 또 노회 구성에도 변화가 생겼다. 초기에는 주로 목사들만 노회에 참석하였으나, 이후 장로들도 노회의 정식 구성원으로 참여하게 된 것이다.[16]

총회는 장로교의 가장 상부에 위치한 조직이며, 각 노회 대표들로 이루어진 장로교 최고 결정기관이라 할 수 있다.[17] 실제로 총회는 스코틀랜드 교회와 관련된 입법, 심의, 재판을 모두 담당했다. 총회는 교회와 관련된 법을 통과시킬 수 있었고, 교회와 사회에 영향을 줄 수 있는 많은 문제를 토론한 후 그것을 승인하거나 거부하거나 수정할 수 있었다. 또한 총회는 사실상 또 하나의 법정 역할을 했

---

14 Foster, *The Church before the Covenants*, p.85.

15 *Maitland Misc*. Ⅰ, 79; *Acts and Proceedings of the General Assemblies*, Ⅲ, p.917; Foster, *The Church before the Covenants*, p.85.

16 1597년 장로들의 노회 참여 문제로 잡음이 일자 제임스 6세는 파이프(Fife)의 종교회의에서 노회는 목사들, 장로들, 그리고 집사들(deacons)로 구성된다고 확정하였다.

17 *Acts and Proceedings of the General Assemblies*, Ⅲ, pp.1085-1091; David Calderwood, *History of the Kirk of Scotland*, Ⅶ, pp.104-107. 총회는 그 시작부터 의회를 대표하던 세 계급[성직자, 귀족, 그리고 자치도시(burgh)의 위원들(commissioners)]로 구성되었고, 이 상황은 17세기 초까지 유지되었다.

다. 그러나 총회가 종교개혁 초기부터 이러한 권한을 가지고 있었던 것은 아니다. 종교개혁 이후인 1571년, 왕과 장로교 총회는 각종 교회 문제를 해결하기 위해 5명의 감독자(superintendents)와 몇 명의 위원들(commissioners)을 임명한 바 있다.[18] 그런데 제임스가 세인트앤드루스(St. Andrews)의 대주교와 던켈드(Dunkeld)의 주교를 임명하려 했을 때 갈등이 발생했다. 총회가 임명한 위원들은 그 주교들이 자신들의 허가도 받아야 한다고 주장하며 왕의 결정에 반대했던 것이다. 1574년 제네바에서 돌아온 녹스의 후계자 멜빌은 여기서 한 걸음 더 나아갔다. 그는 왕이 임명한 주교나 감독자들이 아니라, 목사와 장로들이 대표하는 총회만이 교회를 통치할 수 있다고 주장했던 것이다. 이후 1576년 4월 총회에서 최고기구인 총회의 통치안을 마련하기 위한 위원회가 설립되었고, 이 위원회의 안(案)이었던 멜빌의 『제2 규율서』가 1578년 에든버러 총회에서 통과되었다. 이 『제2 규율서』에 따르면 정신적인 권력은 "신과 예수 그리스도로부터 나온 것"이고 이것은 "지구상에서 오직 하나님과 스코틀랜드 교회만 소유"하는 것이다.[19] 따라서 이후 스코틀랜드 교회의 권위는 왕이 아니라 총회가 대표하게 될 것이었다. 제임스는 곧바로 이 총회를 통제함으로써 교회를 지배하는 자신의 왕권을 확립하고자 했다. 그러나 그 방법은 상당히 타협적인 것이었다.

18 Bernard Bourdin, *The TheologicalPolitical Origins of the Modern State*, p.76. 이때 감독자는 모두 왕이 임명했고, 위원들은 총회가 임명했다.

19 Church of Scotland, *The doctrine and discipline of the Kirke of Scotland* (London: Printed by Rob. Young), pp.91-92; J. Kirk, ed., *The Second Book of Discipline*, pp.166, 169-170.

### 암흑법의 폐지와 황금법(Golden Act)의 제정

총회의 통제를 위해 제임스가 사용한 가장 대표적인 방법은 총회의 소집 장소와 날짜 결정에 자신이 직접 관여하는 것이었다. 이는 물론 꽤 큰 노력이 필요한 번거로운 일이었다. 자신의 편의를 위해 총회를 잠시 연기해 달라고 요청(1586년)하거나, 자신이 좀 더 편하게 참석할 수 있도록 총회 장소를 에든버러로 옮겨달라고 정중하게 부탁(1591년)하는 식이었기 때문이다.[20] 장로교도들의 입장에서 보았을 때 이러한 요청은 자신들의 자치를 침해하는 것이었지만, 제임스는 장로교를 '세상에서 가장 진실한 교회'라고 추켜세우며 총회를 달래었다.[21] 이처럼 제임스는 표면적으로는 자신의 편의를 내세웠지만, 실제로는 이런 지속적인 요청을 통해 총회의 소집 일자와 장소 결정이 사실상 자신의 권한임을 인식시키려 했던 것이다.

장로교에 대한 자신의 호의가 여전함을 드러내기 위해 제임스는 '진실한 종교를 반대하는 법을 폐지하기 위한 법(Act for Abolishing of the Acts Contrair to the Trew Religion, 1592)', 일명 황금법(Golden Act)의 제정에도 동의하였다.[22] 이 법은 세인트앤드루스의 대주교(Archbishop of St. Andrews) 패트릭 아담슨(Patrick Adamson, 1537-1592)과

20 Croft, *King James*, pp.28-29.

21 Jenny Wormald, "Ecclesiastical Vitriol: The Kirk, the Puritans and the Future King" in *Reign of Elizabeth I: Court and Culture in the Last Decade*, ed. John Guy (Cambridge: Cambridge University Press, 1995), p.177.

22 G. Donaldson, *Scotland: Church and Nation through Sixteen Centuries* (Edinburgh & London: Scottish Academic Press, 1972), pp.73-74. '황금법'이라는 별칭은 1584년 제정된 '암흑법'에 대한 반대의 의미로 붙여진 듯하다. 1621년에 폐지된 '황금법'은 스코틀랜드 교회사의 「마그나 카르타」(Magna Carta)로 불린다.

잉글랜드의 캔터베리 대주교 (Archbishop of Canterbury) 존 위트기프트(John Whitgift, 1530-1604)의 합작으로 만들어진 암흑법의 내용 대부분을 폐기하는 것이었다.[23] 암흑법은 1584년에 의회를 통과했는데, 당시 장로교 성직자들은 이 법을 좋아하지 않았고, 그들 중 일부는 이 법을 인정할 수 없어 국외로 떠나기도 했다.[24] 암흑법은 '세속적으로 그리고 종교적으로도' 왕국 내 모든 영토를 지배하는 왕의 권위를 주장하였다. 또 왕이 모든 신민을 재판할 수 있다는 사실을 부정하는 행위를 반역으로 치부했으며, 노회든 총회든 왕의 허가 없이는 왕의 신민을 모을 수 없다고 규정하고 있었다.

이뿐만이 아니었다. 암흑법은 왕이나 왕이 저술한 책을 비판하는 것도 범죄로 규정했다. 그 결과 제임스의 스승 뷰캐넌의 저서 『스코틀랜드 왕의 권한』과 『스코틀랜드 왕의 역사』도 불법 도서가 되었다.[25] 이 법은 또 목사, 낭독자들(readers), 그리고 학교의 장들(schoolmasters)이 왕이나 왕이 임명한 관리에게 복종할 것을 서면으로 약속하게 만들었다.[26] 결국 암흑법은 교회 문제에 대한 장로교 총회의 간섭을 약화시키고 국왕의 교회 지배권을 확보하려는 명확한 의도를 가지고 만들어진 것이었다. 반면 이 법을 폐기하고 만든 황금법은 스코틀랜드 교회의 자유와 권리를 확인한 것

---

23 Gordon Donaldson, "The Attitude of Whitgift and Bancroft to the Scottish Church," *Tansaction of the Royal Historical Society*, 4th Series, 24 (1942), pp.95-144; 김중락, 「'고상함과 통일(decencie and uniformitie)'을 찾아서-스코틀랜드 「공동기도서」와 찰스 1세의 이상적 교회」, p.76.

24 J. G. Vos, *The Scottish Covenanters* (Edinburgh: Blue Banner Productions, 1998), p.32.

25 Dawson, *Scotland Re-Formed, 1488-1587*, p.312.

26 Croft, *King James*, pp.17-18; Dawson, *Scotland Re-Formed, 1488-1587* , p.312.

으로, 왕의 지배를 받지 않는 자유로운 총회의 소집과 설교를 약속했다.[27]

### 총회 소집 장소와 날짜의 결정

제임스는 황금법에 동의하면서 자유로운 총회 개최를 비롯한 많은 것을 양보하였지만 총회의 개최 장소와 날짜를 결정할 권리는 확실히 지켜 내는 명민함을 보여주었다. 그리고 장로교도들이 '장로교의 몰락을 초래할 수도 있는 불길한 것'으로 언급한 이 권리를 적절히 이용했다.[28] 총회는 자신들의 차기 회의 날짜와 장소를 정하기 위해 왕에게 대표를 보낼 수밖에 없었다.[29] 물론 이런 전례가 전혀 없었던 것은 아니다. 1586년과 1587년 총회도 왕의 허가 이후에 소집되었고, 1588년 총회는 왕에 의해 시일이 앞당겨지기도 하였다.[30] 그러나 이는 예외적인 경우였다. "1597년부터 시작된 왕권의 부활은 총회를 지배하는 특권을 왕이 성공적으로 주장한 결과였다."[31]라는 월터 롤랜드 포스터(Walter Roland Foster)의 언급처럼 총회 날짜와 장소 결정은 왕이 총회를 지배하고 자신의 대권을 방어하는 데 중요한 역할을 했다. 예를 하나 들어 보자. 당시 스코틀랜드는 수도였던

---

27 Croft, *King James,* p.28.

28 David George Mullan, *Episcopacy in Scotland-The History of Idea, 1560-1638* (Edinburgh: John Donald Publishing Ltd, 1986), p.75.

29 *Acts and Proceedings of the General Assemblies*, Ⅲ, pp.805, 836, 845; Calderwood, *History of the Kirk of Scotland,* Ⅴ, pp.323-324; Mullan, *Episcopacy in Scotland,* pp.75-76.

30 *Register of the Privy Council of Scotland,* Ⅳ, pp.60-61; *Acts and Proceedings of the General Assemblies,* Ⅱ, pp.702-703, 713; Foster, *The Church before the Covenants,* p.121.

31 Foster, *The Church before the Covenants,* p.122.

에든버러와 서쪽의 글래스고를 동서로 연결하는 선을 기준으로 그 북쪽 지역에는 주로 왕을 지지하는 보수적인 목사들이, 그리고 그 남쪽 지역에는 교회를 지지하는 목사들이 많이 살고 있었다. 따라서 제임스는 자신을 반대하는 목사들이 많이 거주하고 있는 남부 지방은 피하고, 자신을 지지하는 목사들이 많이 거주하고 있는 북부의 도시에서 총회를 소집하라고 명령했다.[32]

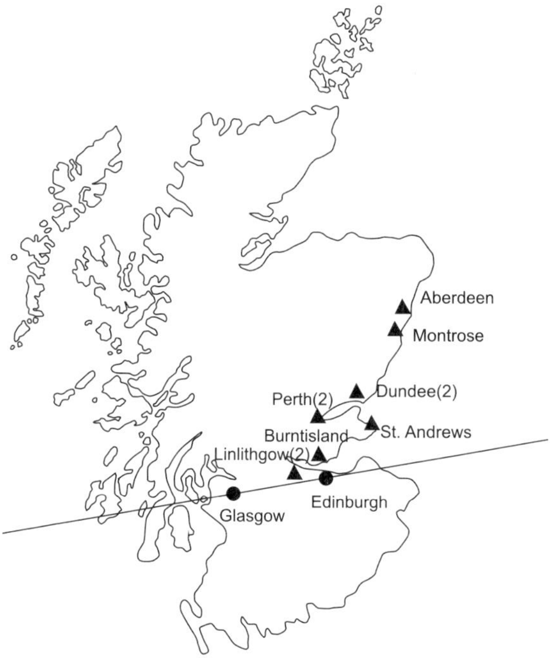


[지도 1] 1597–1618년 스코틀랜드 총회 소집 장소[33]

32 홍치모, 『스코틀랜드 종교개혁과 영국혁명』, p.67.

33 〈표 3〉을 토대로 작성한 지도임. 기준이 되는 에든버러와 글래스고는 ●로, 나머지 총회 도시들은 ▲로 표시하였음.

**<표 3> 1597-1618년 스코틀랜드 총회 소집 시기와 장소**[34]

| 연 | 월 | 일 | 장소 |
|---|---|---|---|
| 1596–1597 | 3 | 1 | Perth |
| 1597 | 5 | 10 | Dundee |
| 1597–1598 | 3 | 7 | Dundee |
| 1600 | 3 | 18 | Montrose |
| 1601 | 5 | 12 | Burntisland |
| 1602 | 11 | 18 | Edinburgh |
| 1606 | 12 | 10 | Linlithgow |
| 1608 | 7 | 26 | Linlithgow |
| 1610 | 6 | 8 | Glasgow |
| 1616 | 8 | 13 | Aberdeen |
| 1617 | 11 | 25 | St. Andrews |
| 1618 | 8 | 25 | Perth |

*참고: 1605년 7월 2일 애버딘에서 소집된 총회는 국왕의 허가를 받지 않은 채 개최된 것이기에 이 표에서는 제외하였음.

[지도 1]과 〈표 3〉은 1597년과 1618년 사이에 소집된 열두 번의 총회를 정리한 것인데, 대부분 제임스의 지지 세력이 많은 북부 지방에서 소집되었음을 알 수 있다. 이렇게 할 경우 남부지방 목사들의 참여율이 낮아진다는 또 다른 이점도 있었다. 총회 장소가 멀어질수록 재정적인 부담도 커지기 때문이었다. 이러한 점을 이용하여 제임스는 총회의 결정을 자신의 의도대로 유도할 수 있었다. 1596년 에든버러 폭동[35] 이후 제임스는 이 권리를 보다 적극적으

34 Foster, *The Church before the Covenants*, p.120의 총회 소집에 관한 내용들을 참조하여 작성함. 그러나 이 내용은 현재 British History Online의 Acts and Proceedings of the General Assemblies of the Kirk of Scotland, 1560-1618의 내용과 상이한 부분도 있다.

35 1596년 '불경하고 악명 높은' 연설을 한 혐의로 유죄 판결을 받은 데이비드 블랙(David Black)의 무죄 방면을 위해 에든버러의 성직자들이 일으킨 폭동. 당시 제임스의 궁정은 폭

로 이용하기 시작했다. 그는 1597년 4월 27일 세인트앤드루스에서 소집하기로 했던 총회를 앞당겨 3월 1일 퍼스(Perth)에서 소집하였고, 1600년 애버딘(Aberdeen)에서 개최하려던 총회는 몬트로스(Montrose)에서 소집하였다.[36] 1601년 총회 역시 제임스의 요청으로 계획보다 몇 달 앞당겨 소집되었고, 1602년 총회는 7월에서 11월로 미루어졌다.[37]

사실 1597년 이전의 상황도 별반 다르지 않았다. 스코틀랜드 교회는 1596년 쿠파(Cupar)에서 임시 회의를 개최한 바 있는데, 이는 다시 늘어나는 국내외 가톨릭 세력에 대한 대응책을 논의하기 위해서였다. 당시 스코틀랜드 북부에서는 헌틀리 백작(George Gordon, 6th Earl of Huntly, 1562-1636)[38]과 여러 가톨릭 귀족들이 스페인과의 연계 속에서 여러 번 반란을 일으켰다. 특히 아르마다 사건 이후인 1592년 12월에는 또 다른 침략 날짜를 상의하기 위해 필리페 2세(Philip II, 1527-1598)가 헌틀리를 비롯한 일부 귀족들에게 보낸 초대 편지가 발견되기도 했기 때문에 이는 시급한 현안이었다.[39] 앤드루 멜빌에 의해 주도된 이 회의에서 장로교도들은 소란을 일으키는 가톨릭 귀족들에 대한 반대 의사를 분명히 했고, 또 스코틀랜드 교회의 위험

---

동을 피해 에든버러를 떠났고 중앙 법정도 린리스고(Linlithgow)로 이동했다.

36 *Register of the Privy Council of Scotland*, IV, pp.60-61; *Acts and Proceedings of the General Assemblies*, II, pp.702-703, 713; Foster, *The Church before the Covenants*, p.121.

37 *Acts and Proceedings of the General Assemblies*, III, 889, 912, 948; Calderwood, *History of the Kirk of Scotland*, IV, pp.606, 626.

38 헌틀리 백작은 제임스의 사촌인 레녹스 공작(Esme Stuart, Duke of Lennox)의 딸 헨리에트(Henriette Stuart)와 결혼했다. 제임스는 앤 왕비와도 절친인 헨리에트를 가족처럼 생각했고 그들의 결혼식에 왕실 연 지출액의 5%가 넘는 금액을 지원했다.

39 Croft, *King James*, pp.33-34.

을 살피는 일은 모두 총회에서 결정되어야 한다고 주장했다.[40] 그러나 제임스는 가톨릭의 반란보다는 총회 일정이나 장소를 자신의 허락 없이 결정한 것에 더 화를 내며 반응했다.[41] 제임스는 그런 격한 반응을 통해 교회의 모든 문제에 왕이 개입할 수 있음을 보여주고자 했던 것이다. 이것은 결국 왕의 의지에 따라 의회가 소집되는 것처럼, 장로교의 가장 핵심 기관인 총회 역시 자신의 의지대로 통제하려 했던 제임스의 입장을 잘 드러내는 것이었다.

### 장로교 총회의 통제

1597년 3월에는 총회 소집 장소와 날짜가 아니라, 총회 자체를 왕이 소집할 수 있는가를 논의하기 위해 퍼스(Perth)에서 총회가 소집되었다. 이는 황금법의 주요 내용에 반하는 것이었지만, 제임스는 더 많은 세력이 자신의 입장을 지지해 주기를 바라며 이전 10년간 총회에 한 번도 대표를 파견하지 않았던 보수적인 북쪽 목사들의 참여를 독려했다. 그 결과 동시대 장로교 역사가 데이비드 캘더우드(David Calderwood, 1575-1650)의 언급처럼 "이전에 한 번도 본 적이 없을 정도로 많은 북쪽 목사들이 총회에 참석하였다." 그리고 국왕이 총회를 소집하는 건에 대한 투표가 시작되자 앵거스(Angus)와 그 이북 지역의 목사들은 제임스를 지지했다.[42] 이 총회의 결과로 제임스

---

40 Croft, *King James*, p.29; Wormald, *Court, Kirk and Community: Scotland, 1470-1625*, p.151.

41 Croft, *King James*, p.29.

42 Calderwood, *History of the Kirk of Scotland*, VI, pp.606-607; Foster, *The Church before the Covenants*, p.14.

는 총회의 장소와 날짜를 결정할 권리는 물론이고, 총회를 소집할 권리까지 가지게 되었다.

제임스에게 이는 대단히 의미 있는 결정이었다. 그러나 이런 결정이 모든 성직자에게 받아들여진 것은 아니었다. 이 문제에 대한 스코틀랜드 성직자들의 불복종은 그가 잉글랜드 왕위를 계승한 이후에도 지속되었다. 제임스는 1604년 7월 애버딘에서 개최하기로 했던 총회를 1년 연기했는데, 1605년 7월에 이를 다시 무기한 연기하자 이 결정에 반대하는 멜빌 일파의 장로와 목사 29명이 별도로 총회를 소집하려 하였다. 제임스가 이들을 체포하고 그중 6명을 추방하는 조치를 취하자, 나머지 성직자들은 왕에 의해 소집되는 총회를 결국 받아들일 수밖에 없었다.[43]

이 사건과 관련하여 제임스는 앤드루 멜빌을 포함한 8명의 목사를 1606년 런던으로 소환하였다.[44] 제임스는 당면한 스코틀랜드 교회의 어려움을 논의하자는 명분을 내세웠지만[45] 분위기는 잉글랜드 교회의 가톨릭적 요소를 일소하는 문제로 논쟁을 벌였던 햄프턴 코트 종교회의(Hampton Court Conference) 때와는 완전히 달랐다.[46] 소환된 이들은 그 어떤 신학적 논쟁에도 참여할 수 없었고, 장로교와

---

43 Foster, *The Church before the Covenants*, p.121.

44 이들 8명은 앤드루 멜빌을 비롯하여 제임스 멜빌(James Melville), 제임스 발포어(James Balfour), 윌리엄 왓슨(William Watson), 윌리엄 스콧(William Scot), 존 카마이클(John Carmichael), 로버트 월레스(Robert Wallace) 그리고 아담 콜트(Adam Colt)이다. Calderwood, *History of the Kirk of Scotland*, vol. 7, p.396; Mullan, *Episcopacy in Scotland*, p.98.

45 Mullan, *Episcopacy in Scotland*, p.98.

46 햄프턴 코트 종교회의는 청교도들의 천인청원과 연계하여 잉글랜드 교회에 남아 있던 가톨릭적 요소를 정화하려 했던 청교도들의 요청으로 1604년 개최되었다. 당시 왕과 청교도들은 서로 대표를 파견하여 3일 동안 토론하였다.

가톨릭을 동일시하며 맹비난하는 국왕 측 설교자들의 일방적인 주장만 들어야 했기 때문이다. 그들에 따르면 가톨릭은 왕이 교황에게 빼앗긴 '강탈된(usurped) 권력'이고, 장로교는 왕을 배제한 '거짓된(pretended) 권력'일 뿐이었다.[47] 그럼에도 불구하고 멜빌은 오히려 자신들의 무죄와 자유로운 총회 소집권을 주장하였고, 결국 런던탑에 투옥되었다.[48] 이 사건 역시 소환과 투옥 등을 통해 장로교 지도자들의 세력을 약화시킴으로써 스코틀랜드 주교들의 세력을 강화하고, 나아가 왕의 총회 소집에 대한 불만과 불복종까지 제거하려는 제임스의 의도에서 비롯된 것이었다.

제임스가 총회를 통제하기 위해 사용한 또 다른 방법은 총회에 참석하는 사람들과 소집 횟수를 통제하는 것이었다. 원래 총회는 의회와 동일하게 성직자들(목사, 주교, 감독관들), 귀족들 그리고 자치도시의 위원들로 구성되어 있었다. 이런 상황에서 제임스는 귀족들처럼 그의 교회 정책을 지지하는 비성직계급이 지속적으로 총회에 참석하도록 유도했다. 더불어 자신이 각 지역에 직접 편지를 보내 총회에 파견[49]될 사람을 지명하기도 하였다. 예를 들어 1606년 12월 린리스고(Linlithgow) 총회 때 제임스는 여러 노회에 편지를 보내 자신이 언급한 사람을 총회 대표로 파견하라고 강권했는데, 이는 현존하는 노회 기록들 속에서도 발견되고 있다. 예를 들어 제드버러(Jedburgh) 노

47 McCafferty, "The Churches and Peoples of the Three Kingdoms, 1603-1641," p.56.

48 Bruce Galloway, *The Union of England and Scotland, 1603-1608* (Edinburgh: John Donaldson Press, 1986), p.88. 1610년 멜빌은 프랑스로 강제 추방되었고 1612년 세당(Sedan)에서 사망했다.

49 Foster, *The Church before the Covenants*, p.120.

회의 1606년 12월 4일 자 기록을 보면 존 애버내시(John Abernethye)와 리처드 톰슨(Richart Thomsone)을 노회에 출석시키라는 왕의 편지가 노회로 전달되었음을 알 수 있다. 이와 유사한 편지는 던펌린(Dunfermline) 노회에도 전달되었다.[50] 이는 제임스가 총회를 자신의 뜻대로 운영하려 했다는 명백한 증거들 중 하나인데, 이때 지명된 인물들이 총회로 파견되었을 것이라는 점은 어렵지 않게 짐작할 수 있다. 게다가 제임스는 총회의 소집 횟수 자체를 줄였다. 종교개혁이 일어났던 1560년부터 1596년까지 36년간 총 64번의 총회가 소집되었던 것에 비해, 1597년부터 1638년까지는 단 12번의 총회만 소집되었다.[51] 이는 제임스가 자신에 대한 반대 의견이 도출될 가능성이 있는 모임 자체를 줄이려고 한 결과인데, 이 또한 총회를 통제하는 방법 중 하나였다.

1610년 6월 대주교 존 스포티스우드(John Spottiswood, 1565-1639)가 주도한 글래스고 총회는 총회 소집에 대한 왕의 권한을 인정하고 왕에게 복종하는 맹세를 하라고 참석자들에게 요구했다. 이는 총회 소집에 대한 권리가 왕에게 있다는 점, 왕이 총회와 교회를 지배한다는 점을 인정하게 만들기 위한 조치였다. 그리고 1612년에 들어 마침내 '황금법'까지 폐기되었다. 왕권의 지배를 받지 않는 자유로운 총회의 소집과 설교를 허용했던 이 법이 폐기된 것은 이제 총회의 소집권을 제임스가 완전히 통제하게 되었음을 의미한다. 제임스

50 Calderwood, *History of the Kirk of Scotland*, VI, p.601; *Jedburgh Presbytery*, 4 December 1606; *Original Letters Relating to the Ecclesiastical Affairs of Scotland*, I, pp.67-68; Foster, *The Church before the Covenants*, pp.122-123.

51 Calderwood, *History of the Kirk of Scotland*, VIII, pp.306-311.

는 잉글랜드 왕위 계승 후 처음으로 스코틀랜드를 방문했던 1617년에 "나는 총회가 교회 문제를 다루는 것을 절대로 인정하지 않겠다. 주교는 목사들을 다스리고 왕은 그들 모두를 다스려야 하기 때문이다."[52]라고 언급한 바 있는데, 이는 모든 교회 문제의 최고 결정권이 총회가 아니라 왕 자신에게 있음을 선언한 것이나 마찬가지였다. 그는 교회 문제를 자신의 의도대로 처리함으로써 장로교 세력을 약화시키고 왕권을 보다 강화하려 했던 것이다.

52 J. Spottiswood, *The history of the Church of Scotland, beginning in the year of our Lord 203 and continued to the end of the reign of King James the VI of ever blessed memory* (London : Printed by J. Flesher for R. Royston, 1655), p.531.

제2절

# 주교제(episcopacy)의 재도입

## 주교제의 폐지

"주교가 없으면 왕도 없다(No Bishop, No King)."[53] 주교에 대한 제임스의 생각을 이 짤막한 문장만큼 잘 보여주는 것도 없을 것이다. '주교'라는 용어는 원래 그리스어 'episkopos'를 번역한 것으로 일반적으로 '감독자(overseer)' 혹은 '관리자(guardian)'를 뜻하는데, 그들의 전통적 역할은 한 지역의 정신적 지도자였다. 로마가톨릭 교회의 경우 지역 교회의 추천을 거쳐 최종적으로는 교황이 주교를 임명했다.[54] 그리고 교황은 이 주교들을 통해 각 지역에 대한 자신의 종교적 영향력을 확대시켰다. 전통적인 가톨릭 국가였던 스코틀랜드도 종교개혁 이전부터 주교제가 실시되고 있었고, 잉글랜드 역시 마찬가지

53 이것은 햄프턴 코트 종교회의 중에 제임스가 청교도 대표인 레이놀즈 박사(Dr. Reynolds)에게 한 말이다. 이때 왕은 청교도들이 원하는 것이 잉글랜드 교회에 남아 있는 가톨릭적 요소의 제거가 아니라 장로교 체제라고 생각하고 이 유명한 말을 내뱉었다. 이는 William Barlow, *The Summe and Substance of the Conference, which, it pleased his Excellent Maiestie to have with the Lords, Bishops, and other of his Clergie (at which the most of the Lordes of the Councell were present) in his Maiesties Privy-Chamber*, at Hampton Court. January 14, 1604를 참조함.

54 여기서 '지역'은 일반적으로 한 명의 주교가 관할하는 주교구(diocese)를 의미한다.

였다. 그러나 헨리 8세의 종교개혁 이후 국교회 제도를 정착시킨 잉글랜드의 주교제는 가톨릭의 주교제와는 다른 것이었다. 잉글랜드의 주교들은 교황이 아니라 국교회의 수장인 국왕에 의해 임명되었기 때문이다. 따라서 그들은 왕의 대권을 보호하고 왕의 의지를 대변해 교회를 운영했으며, 왕권에 대항하는 귀족 세력을 견제하는 역할을 수행했다.[55] 또한 추밀원에서 왕에게 조언하거나 해외에서 왕의 입장을 대변하기도 했으며, 대법관(Lord Chancellor)으로서 사법권을 지휘하기도 했다.[56] 즉 잉글랜드 주교들은 교황이 아니라 왕의 동반자였다.

그러나 1560년 칼뱅주의 이론에 따라 종교개혁을 이룬 스코틀랜드는 가톨릭의 잔재인 주교제를 좋아하지 않았다. 초기 스코틀랜드 종교개혁가들 중 존 녹스, 존 크레이그(John Craig, d. 1600), 데이비드 린지(David Lindsay, 1531-1613) 같은 이들은 종교개혁 이전부터 존재했던 가톨릭 주교들을 장로교회 내에 존치하려고도 했다.[57] 그러나 초기 개혁가들의 뒤를 이은 앤드루 멜빌 같은 이들의 생각은 달랐다. 교회의 권력이 주교와 같은 소수 개인의 손에 집중되었던 것을 교회의 부패 원인 중 하나로 보았기 때문이다. 1574년 제네바에서 스코틀랜드로 돌아온 멜빌은 주교제를 무가치한 제도로 보았기에 여전

---

55 Calderwood, *History of the Kirk of Scotland,* pp.530-631; Foster, *The Church before the Covenants,* p.30.

56 J. Catto, "Religious Change under Henry V," in *Henry V: The Practice of Kingship,* ed., G. L. Harris (Oxford: Oxford University Press, 1985), pp.102-104; Kenneth Fincham, *Prelate as Pastor-The Episcopate of James I* (Oxford: Clarendon Press, 2003), p.35.

57 *Acts and Proceedings of the General Assemblies,* II, pp.664-684; Calderwood, *History of the Kirk of Scotland,* IV, pp.567-583.

히 남아 있던 주교제를 없애려 하였고,[58] 대학에서 자신이 가르치던 젊은 장로교도들에게도 이러한 생각을 전파했다.[59] 그는 1578년 에든버러 총회 때 승인된 『제2 규율서』에 "주교들이 많은 양떼들의 목자, 목자들의 목자라는 말에 동의하지 않는다."라는 주장을 포함시켰다. 또한 1580년 던디(Dundee) 총회에서는 주교제가 "근거도 없고 신의 말씀에도 적당하지 않은 거짓의 직"이라고 주장하며 그 폐지를 선언했다.[60] 물론 이러한 노력에도 불구하고 스코틀랜드에서 주교제가 완전히 사라지지는 않았다. 하지만 주교들이 가졌던 권한 대부분은 장로교의 핵심 기관인 노회로 점차 이전되었다.[61]

---

58 J. Durkan and J. Kirk, *The University of Glasgow, 1451-1577* (Glasgow: Glasgow University Press, 1977), pp.376, 378.

59 *Acts and Proceedings of the General Assemblies*, Ⅱ, pp.453, 506; Calderwood, *History of the Kirk of Scotland*, Ⅲ, pp.469, 548; Foster, *The Church before the Covenants*, pp.8-9. 멜빌은 1574년에는 글래스고 대학교(Glasgow University), 1575년에는 애버딘 대학교(University of Aberdeen), 그리고 1580년에는 세인트앤드루스의 세인트 메리 대학(St. Mary College, St. Andrews)에서 학생들을 가르쳤다. 멜빌의 영향을 받은 대학의 젊은 장로교 지도자들은 베자(Théodore Beza)가 그의 저서(*Epistolae*, LXXIX)에서 묘사했던 것처럼 주교들을 '교황의 잔당들(*pseudepiscopos, papatus reliquias*)'이라 생각했다.

60 *Acts and Proceedings of the General Assemblies*. Ⅱ, pp.453, 506; Calderwood, *History of the Kirk of Scotland*, Ⅲ, pp.172-173, 469, 548; Foster, *The Church before the Covenants*, p.9. 1560년 종교개혁으로 가톨릭 교회와 더불어 주교제도 역시 폐지되었다. 하지만 성직자의 수입을 보장하는 성직록 소유권은 여전히 인정되었기 때문에 현실적으로는 여전히 대주교, 주교, 수도원장 등이 존재했다. 당시 이들은 의회 출석권도 가지고 있었다. 그러나 의석을 보충할 수는 없었기에 그들의 사망과 함께 숫자는 점점 줄어들었다. 이후 사망자의 성직록 처리와 의회 내 종교 신분 의석의 보충 문제로 당시 제임스의 세 번째 섭정이었던 마 백작(Earl of Mar)과 장로교회는 리스(Leith)에서 협약을 체결하고 총회의 결정에 복종하는 것을 조건으로 주교제의 존속을 인정하였다. 그러므로 던디 총회의 주교제 폐지 선언은 종교개혁 이후 두 번째 선언이라 할 수 있다.

61 Foster, *The Church before the Covenants*, p.9. 이전된 가장 대표적인 권한은 각 지역 성직자의 서임권과 감독 및 징계권이었다.

### 주교제 재도입 시도

교회를 왕으로부터 철저히 독립시킨 장로교도들이 왕의 정신적인 권력을 무력화하였고, 왕이 교회의 세속 대리인으로 행동할 것만을 요구하고 있다는 것이 제임스의 생각이었다. 그런데 이렇게 될 경우 제임스 자신이 가지고 있는 세속적 권위의 전복 가능성뿐 아니라 파문 위협에 노출될 가능성까지 덩달아 높아질 위험이 있었다.[62] 제임스는 자신의 왕권을 제한하려는 장로교에 대항해 잉글랜드 스타일의 주교제를 도입해 왕권을 강화하려 했다. 교회와 국가 내에서 자신의 권력을 유지하기 위해 그는 학식 있고 독실한 이들을 주교로 선택한 후, 이들을 자신의 대리인으로 삼아 교회와 국가를 효과적으로 관리하고자 했다.

우선 제임스는 종교개혁 이후 실추된 주교의 위상을 재확립하기 위해 주교의 신성한 기원을 강조했다. 제임스는 군주뿐 아니라 주교와 같은 고위 사제들도 신의 허가를 받았다는 생각을 갖고 있었다. 왕은 신으로부터 권리를 부여받았는데, 이 권리는 왕이 정신적인 권위를 행사하는 데 도움을 주기 위해 주교들에게도 부여되었다는 것이다.[63] 실제로 제임스는 교회를 지배하는 유용한 형식인 주교제의 기원과 특성들이 신약성서에 포함되어 있으며, 주교의 사도적 이미지를 설명하는 요소들은 디모테오(Timothy)에게 보내는 바울의 편지에 특히 잘 드러나 있다고 주장했다.[64] "주교들은 반드시 교회 내에

62 C. H. McIlwain, ed., *The Political Works of James I* (Cambridge, Mass.; Harvard University Press, 1918), pp.6-7, 23-24; Fincham, *Prelate as Pastor*, p.36.
63 McIlwain, *The Political Works of James I*, passim; Fincham, *Prelate as Pastor*, p.36.
64 Fincham, *Prelate as Pastor*, pp.9-18.

존재해야 한다. 하나의 사도적 제도이자 신의 명령(ordinance)으로 나는 언제나 이것을 옹호했다."라는 그의 1608년 주장 역시 주교들의 입장을 지속적으로 강화해 주기 위한 것이었다.[65] 따라서 제임스에 의해 글래스고 대주교(archbishop of Glasgow)로 선출된 존 스포티스우드[66]가 스코틀랜드 교회는 초기부터 주교 없이 사제들과 수도사들에 의해 관리되어 왔다는 메이어나 뷰캐넌의 주장을 반박하면서, 오히려 사도(apostle)들의 계승자인 스코틀랜드 주교들의 깊은 신앙과 학식을 주장했던 것은 너무도 당연한 귀결이라 할 수 있다.[67] 물론 주교들의 신성한 기원을 확립하려는 제임스의 이런 노력은 스코틀랜드 교회 내에서 자신을 지지하는 주교들의 입지를 강화하려는 시도의 일환이었다.

### 블랙 사건(The Case of Black)

1567년 스코틀랜드 왕위에 오른 제임스는 그의 네 번째 섭정이자 마지막 섭정이었던 모턴 백작이 단리 경의 죽음에 연루되어 처형당한 1581년 이후 보다 적극적으로 움직이기 시작했다. 그러나 지배권을 안정시키고 권위를 세우려던 제임스의 초기 시도들은 성공하지 못했다. 그는 납치를 당하거나 총신들을 희생시키는 일련의 대가를

65 McIlwain, *The Political Works of James* Ⅰ, p.126; Fincham, *Prelate as Pastor*, p.10.
66 스포티스우드는 글래스고 대학교에서 앤드루 멜빌에게 배운 적이 있는 엄격한 장로교도였지만 이후 제임스가 스코틀랜드에 주교제를 확립하는 데 협력하였다. 그는 1603년 글래스고 대주교(Archbishop of Glasgow), 1610년에는 스코틀랜드 추밀원 의원, 1615년에는 세인트앤드루스 대주교(Archbishop of St. Andrews)로 임명되었다.
67 J. Spottiswoode, *History of the Church of Scotland*, ed. M. Napier and M. Russell (Edinburgh: Bannatyne Club, 1847-1851), Ⅰ, pp.13, 38.

치러야만 했다.[68] 하지만 제임스가 정치적으로 어느 정도 성숙했던 1596년에 발생한 블랙 사건(the Case of Black)은 주교제 부활 노력에 중요한 계기를 제공해 주었다. 세인트앤드루스의 목사 데이비드 블랙(David Black, d. 1603)은 설교 중에 엘리자베스 여왕이 "무신론자"이며 잉글랜드 교회는 "주교들의 명령에 따라 유도되고 인도되는 교회"라고 비난하면서 이런 제도를 도입하려는 스코틀랜드 추밀원을 공격하였다. 나아가 그는 "모든 왕은 악마의 아이들"이고 스코틀랜드 귀족들은 "불경스럽고 타락한 스코틀랜드 교회의 적들"이며, 왕의 추밀원 의원들은 "무신론자이자 욕심쟁이들"이라고 비난했다.[69] 이 사건으로 추밀원은 블랙을 소환하려 했지만, 블랙은 추밀원의 권위를 부정하며 소환에 불응했다.[70] 게다가 그는 일반 시민 법정에서 재판받기를 거부하며 추밀원에 재판권 부인서(declinature)를 제출했다. 이에 장로교회는 그 사본을 각 노회에 발송했는데, 400여 명의 목사들이 블랙을 지지하며 재판권 부인서에 서명을 하였다.[71] 이미 1596년 3월

68 Foster, *The Church before the Covenants*, p.6. 제임스는 1582년 8월 퍼스(Perth) 근처에서 사냥하던 중 납치되었고, 자신의 가톨릭 사촌이자 총신이었던 에스미 스튜어트(Esme Stewart, Duke of Lennox)의 추방에 동의한 후 10개월간의 유배에서 벗어났다. 이 사건은 루스벤 습격 사건(Raid of Ruthven)으로 불린다.

69 *Register of the Privy Council of Scotland*, first series, V, 335; David Moysie, *Memoirs of the Affairs of Scotland, 1577-1603*, ed. James Dennistoun (Edinburgh: the Publications of the Maitland Club, 1830), pp.127-128; *Calendar of States Papers relating to Scotland, 1547-1603*, XI, 679-680, XII, 352-353; Thomas McCrie, *Life of Andrew Melville* (Edinburgh: William Blackwood & Sons, 1899), pp.174-176; Mullan, *Episcopacy in Scotland-The History of an Idea, 1560-1638* , p.76.

70 *Register of the Privy Council of Scotland*, V, pp.326-327, 334-346, 340-342; *Calendar of States Papers, Scotland*, XII, No.288; Foster, *The Church before the Covenants*, p.12; Bourdin, *The Theological-Political Origins of the Modern State*, p.81. 블랙이 추밀원의 소환에 응한 것은 1596년 11월 18일이었다.

71 Maurice Lee, "James VI and the Revival of Episcopacy in Scotland: 1596-1600," *Church History* 43-1 (1974), p.53; 홍치모, 『스코틀랜드 종교개혁과 영국혁명』, 총신대학

에든버러 총회를 통해 '왕을 비난과 욕설로 더럽히는 것'이 큰 죄임을 백성들에게 인식시켰던 제임스는 이들의 행동에 분노했다.[72] 그는 장로교 위원들에게 에든버러를 떠나라고 명령했고, 모든 반정부적 연설을 금지시켰으며,[73] 에든버러의 성직자들을 성에 감금했다.[74] 이러한 조치는 에든버러에서 장로교도들의 폭동(1596년 12월 17일)을 야기했으나, 그는 이를 철저히 진압했다. 국왕이 임명한 추밀원 의원에 대한 거부, 노회의 반발 행위, 성직자들의 폭동은 분명 국왕에 대한 장로교의 도전이었고, 잉글랜드식 주교제를 도입하려 했던 자신에 대한 비난이었다. 결과적으로 이 사건은 제임스가 주교제를 적극 추진하는 계기가 되었다. 그는 서둘러 주교들을 임명함으로써 그의 왕권을 보호하고 강화해 줄 새로운 세력을 얻으려 했다. 앤드루 멜빌의 조카 제임스 멜빌(James Melville, 1556-1614)은 "1596년 12월 17일은 스코틀랜드 교회와 국가가 저주받은 날"이라고 언급한 바 있는데, 이는 이 사건이 스코틀랜드 교회에 끼친 영향을 단적으로 드러내 준다.[75]

### 주교제의 부활

이 사건 이후인 1597년 5월, 제임스는 던디(Dundee)에서 총회를 소집했다. 그리고 짧은 회기 때문에 해결할 수 없었던 종교 문제들을

---

교 출판부 (1991), p.66.

72 Calderwood, *History of the Kirk of Scotland*, Ⅴ, pp.400, 408-409, 459; Rait, *The Parliaments of Scotland*, 17; *Acts and Proceedings of the General Assemblies*, Ⅲ, p.860; Foster, *The Church before the Covenants*, p.12.

73 Bourdin, *The Theological-Political Origins of the Modern State*, p.81.

74 *Edinburgh Burgh Records*, Ⅳ, p.174.

75 Melville, *The Autobiography and Dairy of Mr James Melville*, p.372. 이 사건에 대한 요약은 Dunlop, "The Polity of the Scottish Church, 1600-1637," *Record of the History Society*, Ⅶ, pp.161-165 참조.

토의하기 위해 일반위원회(General Commission)를 설치하자고 제안했다. 총회는 이를 받아들였고, 14명의 위원(commissioner)이 선출되었다. 이때 선출된 위원은—제임스 멜빌을 비롯한 몇몇을 제외하면—대부분 제임스의 교회 정책에 공감하는 목사들이었다.[76] 이는 제임스가 총회를 어느 정도 장악하고 있었던 결과라고 할 수 있다. 제임스는 이 14명의 위원 중 조지 글래드스턴(George Gladstanes), 데이비드 린지(David Linsay), 알렉산더 더글러스(Alexander Douglas), 제임스 니콜슨(James Nicolson), 윌리엄 쿠퍼(William Cowper)를 주교 예정자로 임명해 두었고,[77] 이후 몇 번의 총회에서 더 많은 주교 예정자들을 임명했다. 그는 1598년 3월의 던디 총회에서는 피터 블랙번(Peter Blackburn), 앤드류 녹스(Andrew Knox), 가빈 해밀턴(Gavin Hamilton), 알렉산더 린지(Alexander Linsay)를,[78] 1600년 몬트로즈(Montrose) 총회에서는 존 스포티스우드, 알렉산더 포브스(Alexander Forbes), 제임스 로우(James Row), 앤드류 램(Andrew Lamb)을,[79] 그리고 1602년 에든버러의 홀리루드(Holyrood)에서 개최된 총회에서는 앤드류 보이드(Andrew Boyd)[80]를 주교 예정자로 임명하였다. 결국 제임스는 자신이 선택한 사람을 주교로 임명함으로써 스코틀랜드에서 주교제를 부활

76 Calderwood, *History of the Kirk of Scotland*, Ⅴ, pp.628-647; *Acts and Proceedings of the General Assemblies*, Ⅲ. pp.813-830.

77 Calderwood, *History of the Kirk of Scotland*, Ⅴ, p.645; *Acts and Proceedings of the General Assemblies*, Ⅲ. p.928.

78 Calderwood, *History of the Kirk of Scotland*, Ⅴ, p.692; *Acts and Proceedings of the General Assemblies*, Ⅲ. p.943; Foster, *The Church before the Covenants*, p.15.

79 Calderwood, *History of the Kirk of Scotland*, Ⅵ, p.21; *Acts and Proceedings of the General Assemblies*, Ⅲ. p.996; Foster, *The Church before the Covenants*, p.15.

80 Calderwood, *History of the Kirk of Scotland*, Ⅵ, p.177; *Acts and Proceedings of the General Assemblies*, Ⅲ. p.959; Foster, *The Church before the Covenants*, p.15.

시켰고,[81] 1608년경에는 모든 스코틀랜드 주교구가 새로 임명된 주교들로 가득 차게 되었다.

1602년 개최된 일반위원회도 마찬가지였다. 전체 구성원 14명 중에는 제임스가 임명한 4명의 주교들과 7명의 주교 내정자가 포함되어 있었고, 이들은 이후 교회와 국가의 제반 문제를 왕의 의지에 따라 결정하였다. 이런 새로운 상황을 두고 장로교 역사가인 캘더우드는 "스코틀랜드 교회가 자신의 힘을 빌려주도록 만든 계기이자, 주교들의 위협 속으로 자신들을 끌어들인" 것이라고 한탄한 바 있다.[82]

### 주교들의 위상 강화

처음에는 주교들도 스코틀랜드 교회 내에서 특별한 권위를 부여받지 못했고, 위상도 그리 높지 않았다. 1606년까지 대다수의 주교들은 교구 관리의 책임을 지는 교회의 일상적 구성원 자격으로 노회에 참석했다. 따라서 애버딘(Aberdeen)의 주교는 애버딘 교회의 저명한 목사에 지나지 않았다.[83] 조지 그래엄(George Graham, Bishop of Dunblane, d. 1643) 같은 인물 역시 주교 임명(1603년) 후에도 여전히 스콘(Scone)의 목사로 재직하며 급료를 받았다.[84] 이런 주교들의 위상을 높이려 했던 제임스는 일단 교회의 땅을 몰수해 왕령에 병합시킨 '병합법(Act of

---

81 결과적으로 스코틀랜드에는 13개의 중세 주교구가 되살아났다. Aberdeen, Brechin, Caithness, Dunblane, Dunkeld, Moray, Orkney, Ross, St Andrews의 주교구는 St Andrews의 대주교구에 속했고 Argyll, Galloway, Glasgow 그리고 the Isles는 Glasgow 대주교구에 속했다.

82 Calderwood, *History of the Kirk of Scotland*, Ⅴ, p.644; Foster, *The Church before the Covenants*, p.15.

83 Foster, *The Church before the Covenants*, pp.18-20.

84 Register of Assignation and Modification of Stipends, Scone (Perth), 1607, 1608.

annexatioun of the temporalities of benefices)'을 폐지하고 주교구의 재산을 회복시킴으로써 이들을 경제적으로 복권시켰다.[85] 주교들의 위상과 관련하여 볼 때 이는 아주 중요한 문제였다. 당시 스코틀랜드인들이 성직자에게 기대하는 세 가지 중 하나가 빈자(貧者)의 보호였으므로[86] 주교들의 경제력이 회복되었다는 것은 그들이 이런 역할을 수행할 기반이 마련되었다는 뜻이기도 했다. 이런 조치를 통해 제임스는 주교들의 생활 수준과 사회 내 위상을 함께 높일 수 있었다.[87]

이뿐만이 아니었다. 1606년 린리스고 총회에서 제임스는 주교들에게 좀 더 확실한 교회 내부 직위를 제공해야 한다고 주장했다. 그 결과 주교들은 각 노회의 '종신직 노회장(constant moderators)'으로 선출되었다. 즉 장로교 조직에서 가장 핵심적인 기관 중 하나인 노회를 주재하는 역할을 주교들이 맡게 된 것이었다. 이리하여 그토록 극성스럽게 왕의 권리를 제한하려 했던 장로교회는 자신들의 가장 중요한 조직인 노회를 왕이 임명한 주교들로 채워야 할 상황에 처하게 되었다. 총회 이후 18개월 동안 상당한 저항이 뒤따랐지만, 1608년 6월경에는 대부분의 노회와 종교회의(synods)가 '종신직 노회장'을 받아들이게 되었다.[88]

---

85 *Acts of the Parliament of Scotland*, IV, pp.281-284.

86 Mullan, *Episcopacy in Scotland*, p.74. 나머지 두 가지는 설교와 성사의 관리 그리고 규율의 시행이었다. 성직자들이 가장 중요하게 생각한 것은 물론 설교와 성사의 관리였다.

87 F. Heal, *Of Prelates and Princes: A Study of the Economic and Social Position of the Tudor Episcopate* (Cambridge: Cambridge University Press, 1980), p.257; F. Blomefield, *An Essay towards a Topographical History of the County of Norfolk* (London: Printed for W. Miller, 1805-9), iii, pp.562-563; Fincham, *Prelate as Pastor*, p.14.

88 Foster, *The Church before the Covenants*, p.20.

한편 1608년 7월 린리스고 총회에서는 오크니의 주교 제임스 로(James Law, Bishop of Orkney, 1560-1632)가 장로교 총회의 총회장(moderator)으로 선출되었다.[89] 주교가 장로교 조직의 최고 결정권자인 총회장으로 선출된 것은 1575년 글래스고의 대주교 제임스 보이드(James Boyd, 재직 1573-1581) 이후 처음이었다. 그리고 1608년 10월에는 주교제 반대 운동의 중심지였던 제드버러(Jedburgh) 노회가 저항을 철회함으로써 적어도 주교제에 대한 공개적인 저항은 막을 내리게 되었다.[90] 1610년 6월 대주교 스포티스우드가 주도했던 글래스고 총회는 교회 내 주교들의 역할을 설명한 후, 모든 교구가 주교들의 권위를 인정하라고 요구했다. 이제 주교들은 노회의 '종신직 노회장'으로서 노회 주재권은 물론이고, 종교회의와 총회 주재권, 파문 판결에 대한 승인 혹은 보류권까지 가지게 되었다. 나아가 이들은 신도와 목사의 교육을 담당하거나 성직록 수여 업무를 관리하기도 했다. 이러한 사실은 결국 이 모든 것을 왕이 통제할 수 있게 되었음을 의미한다. 이로써 왕은 적어도 자신의 교회 정책에 대한 적극적인 반대를 미연에 방지하고 교회 내에서 자신의 입장을 강화할 수 있게 된 것이다.[91] 이는 주교들이 교회 내에서 상당히 중요한 위치를 차지하게 되었고, 또 그런 주교들을 이용해 제임스가 장로교회를 장악하게 되었다는 뜻이기도 하다.

---

89 *Acts and Proceedings of the General Assemblies,* Ⅰ, p.314; Ⅲ, p.1046; Calderwood, *History of the Kirk of Scotland,* Ⅲ, p.339, vol. 4, p.751; Foster, *The Church before the Covenants,* p.22.

90 Foster, *The Church before the Covenants,* p.22.

91 Foster, *The Church before the Covenants,* p.26.

### 주교제와 왕권 강화

제임스의 또 다른 목표는 종교개혁 이전처럼 의회 내에 주교들의 자리를 마련하는 것이었는데, 이와 관련해서는 1597년 던디 총회에서 선출된 위원들이 큰 역할을 했다. 그들은 성직자들을 의회로 보내기 위해 압력을 가했고, 이러한 시도는 1597년 12월 의회의 법 제정으로 구체화되었다.[92] 제임스는 이 결정을 장로교 총회에서 확인받고자 하였는데, 결국 1598년 3월 총회에서 격론을 벌인 끝에 '성직자들이 의회 투표권을 가질 수 있다.'라는 합의가 도출되었다. 이 과정에서 성직자들의 의석수는 종교개혁 이전처럼 51석으로 결정되었다.[93] 왕이 총회를 통제하고 있었기에 가능한 일이었다. 한편 1603년 의회에 파견할 대표에게는 '주교'라는 이름 대신 '위원'이라는 이름을 붙이기로 했는데, 이는 교회 내 반대 세력과 불필요한 마찰이 빚어지는 것을 미연에 방지하기 위해서였다.[94] 이제 제임스는 의회에 진입한 주교들을 앞세워 자신의 의회 통제권을 좀 더 강화할 수 있게 되었다.

그런데 제임스는 여기서 멈추지 않았다. 1610년 10월 21일, 그는 자신이 스코틀랜드에서 임명한 주교들(John Spottiswood of Glasgow, Andrew Lamb of Brechin, Gavin Hamilton of Galloway)을 런던으로 보내 잉글랜드 주교들(Bishops of London, Ely, and Bath)에게 안수를 받도록 했다. 그리고 이들은 다시 스코틀랜드로 돌아와 다른 주교들을 안수

92 Foster, *The Church before the Covenants*, p.16.
93 Calderwood, *History of the Kirk of Scotland*, Ⅴ, p.700.
94 Calderwood, *History of the Kirk of Scotland*, Ⅳ, pp.20-21.

했다. 이는 왕의 세속적 임명이 가지는 종교적·정신적 부족함을 다른 주교들, 특히 잉글랜드 주교들의 힘을 빌려 채우려 한 것이다. 이는 또 왕이 주교를 임명하고, 주교가 교회를 통제함으로써 결국 왕이 주교와 교회를 모두 통제하는 잉글랜드 스타일의 주교제가 스코틀랜드 교회에 정착된 것을 의미한다.[95]

스코틀랜드의 주교제 도입이 왕권 강화에 이용되었듯이, 잉글랜드에서도 주교제는 왕권 강화에 이용되었다. 주교들은 성직의 서임·감독·징계권으로 목사들을 단속하고 왕에 대한 정치적 복종을 조장했던 것이다. 제임스가 주교들을 통해 『신과 왕』(*God and the King*, 1615)이라는 소책자를 모든 학교의 교원과 교회 성직자들에게 배포한 것[96]도 같은 맥락에서 이해할 수 있다. 왕에 대한 신민의 정치적 의무를 다룬 이 책을 통해 제임스는 왕에 대한 젊은이들의 충성맹세를 정당화하고 싶었던 것이다.[97]

찰스 왕자와 스페인 공주 간의 결혼협상 시작되면서 제임스의 외교정책에 대한 비판이 커졌을 때도 주교들이 동원되었다. 1622년 3월 런던 주교구의 목사들은 '기독교인들의 큰 의무 중에 하나가 군주에게 복종하는 것임을 사람들에게 주지시키라는' 명령을 하달받았다.[98]

---

95 McCafferty, "The Churches and Peoples of the Three Kingdoms, pp.56-57.

96 Larkin and Hughes, *Stuart Royal Proclamation*, Ⅰ, pp.355-356; Fincham, *Prelate as Pastor*, p.37. 이 책의 저자는 리처드 모캣(Richard Mocket (1577-1618)이다. 그러나 글랜 버제스(Glenn Burgess)는 *Oxford Dictionary of National Biography*에서 모캣이 저자인 것에 대한 확실한 증거가 없다고 언급하고 있기도 하다.

97 Glenn Burgess, *The Politics of the Ancient Constitution: An Introduction to English Political Thought, 1603-1642* (University Park, Pa.: Pennsylvania State University Press, 1993), p.136.

98 H. R. Wilton Hall, ed., *Records of the Old Archdeaconry of St. Albans: A Calendar of Papers 1575-1637* (St. Albans: St. Albans and Hertfordshire Architectural and

이는 국왕의 외교정책에 대한 불만을 무마하기 위해 주교의 목사 감독권을 이용한 것이었다. 이렇듯 제임스는 주교들을 통해 교회와 국가 곳곳에 자신의 명령을 하달함으로써 백성을 통제하고 왕권을 강화했다.

그러나 제임스가 스코틀랜드에서 시행한 주교제가 잉글랜드의 주교제와 동일한 것은 아니었다. 그의 장로교 정책은 잉글랜드 주교제로의 일방적인 강요라기보다는 스코틀랜드 교회 조직 내에 자신의 세력을 침투시키고, 이들을 통해 교회와 의회를 자신의 의도대로 통제하는 데 그 목적이 있었기 때문이다. 예를 들어 잉글랜드에서 제임스의 전임자였던 엘리자베스 여왕은 주교들의 적극 기용을 망설였다. 1590년대에 리처드 뱅크로프트(Richard Bancroft, 1544-1610)나 토마스 빌슨(Thomas Bilson, 1547-1616) 등은 주교제가 사도적 기원을 가지고 있고, 종교개혁 전 성서 안팎에서 확인 가능한 합법적인 교회 지배 형식 중 하나라고 주장했지만, 여왕은 이들의 주장을 받아들이지 않았다.[99] 그러나 제임스는 달랐다. 재임 기간 중 단 한 명의 주교만 추밀원 의원으로 임명했던 엘리자베스와는 달리 제임스는 잉글랜드를 다스린 22년 동안 총 일곱 명의 주교를 추밀원 의원(privy council)으로 임명했다.[100] 그는 1619년 4월에 찰스 왕자와 주변

---

Archaeological Society, 1908), p.147; Fincham, *Prelate as Pastor*, p.37.

99 Peter Lake, *Anglicans and Puritans? Presbyterianism and English Conformist Thought from Whitgift to Hooker* (London: Unwin Hyman, 1988), passim; Fincham, *Prelate as Pastor*, p.10.

100 N. E. McClure, ed., *Letters of John Chamberlain* (Philadelphia; American Philosophical Society, 1939), ii, p.234; Fincham, *Prelate as Pastor*, pp.35, 39. 제임스가 추밀원 의원으로 임명했던 이들은 3명이 대주교(John Whitgift, Richard Bancroft, George Abbot)였고, 4명은 주교(Thomas Bilson, Lancelot Andrews, James

인물들을 불러 모아 정치적 유언을 남기는 자리에서 주교들을 "진지하고 학식 있는 사람들이자 군주의 최고 동반자"라고 언급하며, 이들을 존중하라고 주문하기도 했다.[101] 이는 제임스가 주교들을 어떻게 생각하고 있었는지를 보여주는 대표적인 예라 할 수 있다.

제임스에게 주교는 왕을 보좌하는 최선의 파트너였다. 그런 이유로 제임스는 주교의 정당한 기원을 강조하고 그들의 이익을 보호하려 했다. 그는 또 주교들의 보좌를 받는 통치 그리고 그들을 통한 통치를 지향했다. 제임스는 신중하고 학식 있고 독실한 이들을 주교로 선택했고, 이들을 통해 교회는 물론 세속까지 지배하려 했다. 그런 의미에서 보면 "주교가 없으면 왕도 없다."는 문장은 장로교에 대한 왕의 반감 표명이 아니다. 교회와 국가 내에서 자신의 권력을 지켜야 했던 제임스에게 주교들의 도움이 얼마나 절실했는지를 이 문장이 상징적으로 드러내 주기 때문이다.

---

Mountagu, John Williams)였다.

101 McClure, *Letters of John Chamberlain*, ii, p.227; Arthur P. Kautz, "The Selection of Jacobean Bishops" in *Early Stuart Studies: Essays in Honor of David Harris Willson*, ed., Harold S. Reinmuth (Minneapolis: University of Minnesota Press, 1970), p.154; Patrick Collinson, "The Jacobean Religious Settlement: The Hampton Court Conference" in *Before the English Civil War-Essasy on Early Stuart Politics and Government*, ed. Howard Tomlinson (London: Macmillan, 1993), pp.32-33; Fincham, *Prelate as Pastor*, p.35.

제3절

# 퍼스 5개 조항(Five Articles of Perth)의 도입

### 예배 의식의 통일

잉글랜드와 스코틀랜드, 이 두 왕국의 통합을 통해 제임스가 얻고자 했던 가장 중요한 것 중 하나는 강력한 왕권이었다. 따라서 그는 장로교의 최고 결정기관인 총회를 왕의 지배하에 두기 위해, 그리고 자신을 대표해 교회를 관리할 잉글랜드 스타일의 주교제를 스코틀랜드에 정착시키기 위해 다양한 정책을 수립·시행했다. 이런 정책들은 제임스가 잉글랜드 왕위를 계승하기 이전부터 시작되었지만, 왕위 계승으로 보다 큰 동력이 제공되면서 본격적으로 추진될 수 있었다. 이러한 상황에서 제임스가 자신의 장로교 정책의 마무리로 생각했던 것이 퍼스 5개 조항의 도입이었다. 이는—간단히 말하자면—잉글랜드와 스코틀랜드의 예배 의식을 통일하는 것이었다. 물론 제임스의 목적은 종교적 통합이나 잉글랜드화가 아니라, 이러한 체제하에서 잉글랜드 국왕이 누렸던 실익이었다. 헨리 8세와 엘리자베스 여왕 이래로 잉글랜드 교회는 국왕이 교회의 수장임을, 즉 국왕이 세속뿐 아니라 교회에 대한 지배권까지 소유하고 있음을 분명히

하고 있었다. 제임스가 스코틀랜드인들에게 인식시키고자 했던 것도 이와 다르지 않았다. 그는 교회 문제와 관련된 모든 결정권이 왕에게 있다는 사실, 다시 말해 왕이 교회를 지배한다는 사실을 스코틀랜드인들의 마음속에 각인시키려 했다. 퍼스 5개 조항의 도입은 바로 이러한 목적을 위한 것이었다.

그러나 교권과 왕권의 분리를 주장하던 장로교도들은 모든 의식이 성서에 근거해 정해졌으며, 장로교회는 그 의식들을 규제할 신성한 권리를 지녔다고 생각했다. 따라서 스코틀랜드 교회 의식을 잉글랜드 스타일로 바꾸려는 왕의 계획은 쉽게 받아들여질 문제가 아니었다. 1620년 3월 28일 아이어(Ayr) 노회에 소속된 오칠트리(Ochiltree)의 목사 존 퍼거실(John Fergushill, 1592-1644)[102]은 퍼스 5개 조항에 대해 "그것들은 수치스럽고, 부적당하고, 우리가 세운 것을 파괴하는 것이고, 좋은 것을 나쁜 것으로 바꾸는 것이다."라는 의견을 표명하였는데, 이는 제임스의 정책에 대한 장로교도들의 입장을 잘 대변해 주는 예일 것이다.[103] 당시 비난받았던 5개 조항은 성찬식 동안 무릎을 꿇는 것(kneeling), 병들거나 죽은 사람을 위해 개인적인 성찬식

102 존 퍼거실(John Pergushill)은 퍼스 5개 조항을 따르는 것을 거부하여 고등종교재판소(Court of High Commission)에 고발당한 48명의 목사 중 하나였다. 재판에서 그는 고등종교재판소의 권위를 거부했다. 고등종교재판소가 합법적으로 결성된 총회도 아니고 그의 목사직을 제재할 어떤 권리도 가지고 있지 않다는 것이 그 이유였다. 이후 그는 친구이자 글래스고 대학의 학자인 로버트 보이드(Robert Boyd)의 청원으로 사면되어 귀향했다. 하지만 당시 글래스고의 대주교였던 제임스 로우(James Row)의 처분으로 성찬식을 집전할 수 없게 되었다.

103 Calderwood, *History of the Kirk of Scotland* , Ⅶ, p.430; Laura Stewart, "'Brothers in Trueth': Propaganda, Public Opinion and the Perth Articles Debate in Scotland' in *James VI & I, Ideas, Authority, and Government*, ed. Ralph Houlbrooke (Aldershot: Ashgate, 2006), p.151.

을 행하는 것, 사적으로 세례를 베푸는 것(private baptism), 주교에 의한 견진성사(confirmation), 그리고 그리스도의 생애(탄생, 죽음, 부활, 승천과 성령강림)를 기념하는 크리스마스(Christmas)·예수의 수난일(Good Friday)[104]·부활절(Easter)·주님 승천 대축일(Ascension Day)[105]·성령강림절(Whitsunday)[106] 같은 성축일을 엄격하게 준수하는 것이었다.[107]

왕권신수설을 신봉했던 제임스는 왕국 내의 종교적인 문제들은 국왕의 결정에 따라야 함을 스코틀랜드 장로교회가 받아들이길 원했고, 자신의 스코틀랜드 방문을 계기로 이를 확실하게 추진하려 했다. 1617년, 제임스는 잉글랜드 왕위 계승 이후 처음으로 스코틀랜드 방문을 결정했고, 같은 해 5월 15일에 에든버러 근처 시타운(Seatown, 지금의 Seton) 항구에 도착했다. 잉글랜드 왕위를 계승한 지 14년 만의 일이었다. 표면적인 방문 목적은 자신의 즉위 50주년을 기념하는 것이었지만, 그는 이 방문이 잉글랜드 교회 의식을 선전할 좋은 기회라고 생각했다.

이런 의도가 있었기에 제임스가 머물게 될 홀리루드 궁전의 예배당은 잉글랜드 교회 스타일로 개조되었고, 종교개혁 이후 스코틀랜드 교회에서는 사용되지 않던 오르간과 장식용 나무 동상들도 교회

104 예수가 십자가에 못 박힌 날.
105 부활한 예수가 이 땅에 잠시 머물다가 승천한 날.
106 예수 승천 이후 50일째 되는 날 제자들 앞에 성령이 강림한 것을 기념하는 날.
107 John Spottiswood, *History of the Church of Scotland* (Edinburgh: Spottiswood Society, 1851), III, pp.248-252; I. B. Cowan, "The Five Articles of Perth," in D. Shaw, ed. *Reformation and Revolution* (Edinburgh: Saint Andrews Press, 1967), pp.160-177; John McCafferty, "The Churches and Peoples of the Three Kingdoms, 1603-1641," in *The Seventeenth Century*, ed. Jenny Wormald (Oxford: Oxford university press, 2008), p.58; Croft, *King James*, p.166.

내부에 설치되었다. 또 제임스가 에든버러에 도착한 후 거행된 성령 강림절 의식에서는 성찬을 받는 사람들이 성별된 빵과 포도주를 받기 위해 무릎을 꿇는 잉글랜드 스타일의 예배가 거행되었다.[108] 그러나 이 일은—제임스의 생각과는 달리—장로교 성직자들의 엄청난 반대를 불러일으켰다. 이 모든 것이 가톨릭적인 의식으로 여겨졌기 때문이다. 1617년 6월 에든버러에서 의회가 소집되자 에든버러로 몰려와 있던 많은 성직자들이 이 일에 이의를 제기하였다.[109] 그러나 문제는 이 한 가지만이 아니었다.

### 5개 조항에 대한 반발

잉글랜드 방식의 예배 의식을 스코틀랜드에 정착시키고 싶었던 제임스는 1616년 애버딘 총회 때부터 앞서 언급한 5가지 조항의 시행 가능성을 조심스럽게 타진했다. 그러나 긴급한 순간의 사적인 세례를 제외한 다른 조항들은 받아들여지지 않았다. 이러한 결과에 분노한 제임스는 반대자들에 대한 극단적인 처벌을 주장했지만, 주교들은 개별 설득을 통해 이 문제를 해결하자며 오히려 그를 달랬다.[110] 이 조항들은 1617년 세인트앤드루스 총회에서도 장로교 성직자들의 격렬한 반대에 부딪혔고,[111] 다양한 반대 운동만 초래했다. 곧 곳

108 Croft, *King James*, pp.165-166.

109 Croft, *King James*, p.166.

110 Calderwood, *History of the Kirk of Scotland* , VII, pp.284-286; *The Register of the Privy Council of Scotland*, ed. J. H. Burton and D. Masson (Edinburgh: H. M. General Register House, 1877-98), intro. lviii. lix. pp.270, 271.

111 John Spottiswoode, *History of the Church of Scotland*, III, pp.248-249; Foster, *The Church before the Covenants*, p.124.

곳에서 반대 모임이 조직되었고, 팸플릿들도 배포되었다.[112]

5개 조항 중 성직자들이 가장 격렬하게 반대한 것은 성찬식의 무릎 꿇기였다. 교회의 성사는 세속 권위의 변덕에 맡겨 둘 수 없는—즉 왕이 교회의 조언 없이 마음대로 고칠 수 없는—매우 중요한 것인데도, 왕이 이를 대수롭지 않게 다루었다는 것이 장로교도들의 주된 반대 이유였다. 장로교도들은 "신에 대한 예배에서 대수롭지 않은 것은 없다."라며 이 문제의 중요성을 강조했고,[113] 무릎을 꿇는 행위에 대해 명백한 종교적 선례까지 들어 가며 반대를 거듭했다. 그들은 성서의 선례에 비추어 볼 때 무릎을 꿇기보다는 오히려 앉아서 성찬을 받는 것이 더 적절하다고 주장했고, 빵과 포도주를 나누어 먹기 위해 '예수가 그의 열두 사도와 함께 앉아 있는' 최후의 만찬(Last Supper)을 인용해 가며 자신들의 정당성을 강조했다.[114] 성찬을 주고받는 사람들은 '예수와 사도들의 예'에 따라 같은 테이블에 앉아 빵과 포도주를 나누어야 하며, 이렇게 할 때 서로간의 친밀감도 더 잘 표현된다는 것이다. 이들은 또 성찬을 주고받는 사람들이 빵과 포도주를 함께 나누어 먹는 행위가 상호적인 사랑을 나타내는 것이고, 이것을 거절하는 것은 예수가 자신의 발을 씻겨 주려는 것을 거절한 베드로의 경우처럼 교만의 죄를 범하는 것이라고 생각했

112 D. Mullan, *Scottish Puritanism, 1590-1638* (Oxford: Clarendon Press, 2000); Laura Stewart, "'Brothers in Trueth': Propaganda, Public Opinion and the Perth Articles Debate in Scotland," in *James VI & I, Ideas, Authority, and Government*, ed. Ralph Houlbrooke (Aldershot: Ashgate, 2006), p.153.

113 National Library of Scotland, Wod. Qu. LXXXIV, no.38, fol. 382v; Stewart, "'Brothers in Trueth'," p.155.

114 Luke 22:14 "때가 이르매 예수께서 사도들과 함께 앉으사"; Matthew 26:20; Stewart, "'Brothers in Trueth'," p.156.

다.[115] 또한 만약 성찬을 받기 위해 무릎을 꿇는다면 성찬을 주고받는 사람들 사이의 친밀한 관계는 사라지고, 오히려 목사들의 중재적 역할만 강조되어 예식의 의미 자체가 바뀌게 된다고 보았다. 심지어 일부 장로교도들은 성찬식에서 무릎을 꿇는 행위가 우상숭배라고 주장하기까지 했다. 무릎을 꿇고 성체를 받는 것은 빵과 포도주를 받들어 모시는 것이 되므로, 우상을 받드는 것과 다르지 않다는 것이다. 결론적으로 장로교에서 무릎 꿇기는 '신의 예식에 없는 것'이었다.[116] 게다가 장로교는 1560년 종교개혁 때 만들어진 『제1 규율서』(*the First Book of Discipline*)에 따라 부활절과 크리스마스 등을 미신적인 축제로 단정하여 이미 금지한 바 있고, 이에 근거해 스코틀랜드 교회는 주일을 제외한 어떤 축일도 반대하고 있었다. 이런 상황에서 성축일의 부활은 미신적인 우상숭배의 부활로 여겨졌고, 따라서 자신들의 교구에서 이런 조항들이 시행되는 것에 반대하는 성직자가 많았다.

### 5개 조항 도입의 의미

위와 같은 반대에도 불구하고 제임스는 5개 조항의 총회 통과를 위해 많은 노력을 기울였다. 제임스와 그의 지지자들은 무릎 꿇기에 대한 장로교들의 주장부터 반박했다. 그들은 성찬을 주고받는 사람들이 함께 테이블에 앉는 것은 신과 성찬을 받는 사람을 동등하게

---

**115** National Library of Scotland, Wod. Qu. LXXXIV, no.38, fol. 382v, no. 12, fol. 33r; Stewart, "'Brothers in Trueth'," p.157.

**116** Stewart, "'Brothers in Trueth'," p.156.

여기는 '오만한 제스처'이며, 신에 대한 겸손을 잃어버린 행위라고 주장했다.[117] 하지만 이미 두 번의 총회에서 반대를 경험했던 제임스는 총회 투표 참가자들을 회유하여 자신에게 유리한 결정을 이끌어 낼 새로운 계획을 세웠다. 우선 그는 자신의 교회 정책에 대한 지지표를 확보하기 위해 비성직 대표들의 총회 참석을 독려했다.[118] 그 결과 1610년 글래스고 총회 때는 17명의 귀족과 7명의 자치도시 대표들, 12명의 주교 그리고 126명의 목사가 총회에 참석했다.[119] 여기에 더하여 제임스는 자신이 원하는 목사들을 노회에 출석시켰고, 그들을 총회의 대표로 파견하도록 해당 노회에 편지를 쓰거나 아예 특정 인물을 지명하기도 했다.[120] 앞서 언급한 제드버러 노회의 기록이 그 좋은 예가 될 것이다.

> 어느 날 존 애버내시(Mr John Abernethye)와 …… 리처드 톰슨(Mr Richart Thomsone)을 …… 노회에 참석시키라는 왕의 편지가 도착했다.[121]

실제로 이런 방법을 통해 총회에 참석한 목사들과 왕의 임명을 받

117 Stewart, "'Brothers in Trueth'," pp.157-158.
118 Foster, *The Church before the Covenants,* p.120.
119 *Acts and Proceedings of the General Assemblies,* III, pp.1085-1091; Calderwood, *History of the Kirk of Scotland,* VII, pp.104-107; Foster, *The Church before the Covenants,* p.120. 노회의 기록은 17세기 영어로 쓰여진 것이어서 이름 등이 현재의 영어 표기와는 사뭇 다르다.
120 Calderwood, *History of the Kirk of Scotland,* VI, p.601; *Jedburgh Presbytery,* 4 December 1606; *Original Letters Relating to the Ecclesiastical Affairs of Scotland,* I, pp.67-68; Foster, *The Church before the Covenants,* pp.122-123.
121 *Jedburgh Presbytery,* 4 December 1606; *Original Letters Relating to the Ecclesiastical Affairs of Scotland,* I, pp.67-68; Foster, *The Church before the Covenants,* pp.122-123.

은 주교들 그리고 개별적으로 왕의 편지를 받은 귀족과 젠틀맨들이 5개 조항의 통과를 위해 투표했고,[122] 결국 1618년에 개최된 퍼스(Perth) 총회에서 5개 조항의 도입이 가결되었다.[123]

그럼에도 불구하고 이 결정은 "불복종에서 반란에 이르는 지름길"로 이해되었고, 해당 조항들은 스코틀랜드 의회의 승인을 얻지 못했다.[124] 그러나 이때도 제임스는 장로교도들을 교묘하게 회유했다.[125] 1562년부터 스코틀랜드 교회는 녹스가 예배를 위한 일종의 지침서로 작성한 「예배차례서」(the Book of Common Order)를 공식 기도서로 사용하고 있었다. 따라서 잉글랜드 국교회를 스코틀랜드에 정착시키려는 제임스의 입장에서는 장로교 전통이 강하게 남아 있는 이 기도서를 개정할 필요가 있었다. 하지만 제임스는 5개 조항의 시행을 위해 이 기도서의 개정을 포기했고, 앞으로는 이 같은 정책을 추진하지 않겠다고 약속하며 스코틀랜드인들을 달랬다. 스코틀랜드 의회는 1621년에 결국 이 조항들을 승인했다.[126]

그러나 의회의 승인 직후부터 상황이 달라졌다. 이제 주교들이 나서서 퍼스 5개 조항의 시행을 철회하려 했고, 스코틀랜드 추밀원도

---

122 *Register of the Privy Council of Scotland*, XI, pp.454-456.

123 Cowan, "The Five Articles of Perth," in *Reformation and Revolution*, pp.160-177.

124 John Ford, "Conformity in Conscience: The Structure of the Perth Articles Debate in Scotland, 1618-38," *Journal of Ecclesiastical History* 5 (1995); Croft, *King James*, p.166.

125 Calderwood, *The Perth Assembly* (Leyden: William Brewster, 1619), p.7; Gordon Donaldson, *The Making of the Scottish Preyer Book of 1637* (Edinburgh: Edinburgh University Press, 1954), p.39; 김중락, 「영국의 왕실 통합(1603)과 제임스 6세 겸 1세의 국가통합정책」, 『역사교육논집』 26 (2000), p.763; 이경아, 「스코틀랜드 장로교와 영국혁명-국민성약파를 중심으로」, 『통합연구』 7-3 (1994), p.120.

126 Calderwood, *Perth assembly* (Leiden: Printed by William Brewster, 1619), p.7.

주교들의 행동에 무언의 지지를 보냈다. 이는 스코틀랜드 교회가 종교개혁 이후 처음으로 광범위한 속인들의 저항에 직면하게 되었기 때문이다. 무릎 꿇기의 강조로 국교를 버린 속인 비국교도들의 수가 두 배로 늘었고, 예배에 장기 결석하는 사람들의 숫자도 엄청나게 늘었다.[127] 또 이 조항의 시행에 반대하는 공개적인 설교나 비밀 집회 등에는 속인들뿐 아니라 성직자들도 대거 참석하였다.[128]

제임스 사후 스코틀랜드 교회 상황에 대한 연구자들의 평가는 일치하지 않는다. 5개 조항이 점진적으로 정착이 되었다는 주장도 있지만, 이 조항들이 초래한 교회의 분열이 제임스 사후까지 계속되었다는 주장도 있다. 그러나 핵심은 이 조항의 시행 여부가 아니라, 이 조항들을 통해 제임스가 무엇을 얻으려 했는지에 있다. 결론적으로 제임스는 인기가 바닥이었던 이 5개 조항을 집요하게 강요하지 않았다. 잉글랜드 예배 의식을 스코틀랜드에 정착시키는 종교적 통합보다는, 교회 의식에 대한 결정권이 왕에게 있음을 보여주는 것이 훨씬 더 중요했기 때문이다. 따라서 그는 이 조항들이 장로교 총회를 통과한 것 자체에 큰 의미를 부여했을 것이다. 총회 통과를 통해 교회에 대한 지배권 역시 왕에게 있음을 확인하였으니 말이다. 이 모든 것은 결국 제임스의 종교 정책이 종교적인 목적보다는 교회 속에서 자신의 왕권을 강화하려는 정치적인 목적을 가지고 있었음을 드러내 준다.

1603년 잉글랜드 왕위 계승 후 제임스의 장로교 정책은 보다 분명

---

127 Croft, *King James*, pp.166-167.
128 McCafferty, “The Churches and Peoples of the Three Kingdoms,” p.58.

해졌다. 그러나 스코틀랜드 장로교의 성향을 잘 알고 있던 제임스는 강요보다는 적절한 타협을 통해 실리를 추구하려 했다. 그는 통합과 왕권 강화라는 자신의 목표를 달성하기 위해 강력한 정책 추진과 적절한 양보를 균형 있게 혼용하였다. 따라서 그의 정책으로 잉글랜드와 스코틀랜드의 종교적 통합이 완벽히 이루어지긴 어려웠다. 하지만 교회에 대한 왕의 지배권을 강화하는 데에는 어느 정도 영향을 미쳤다고 할 수 있다.

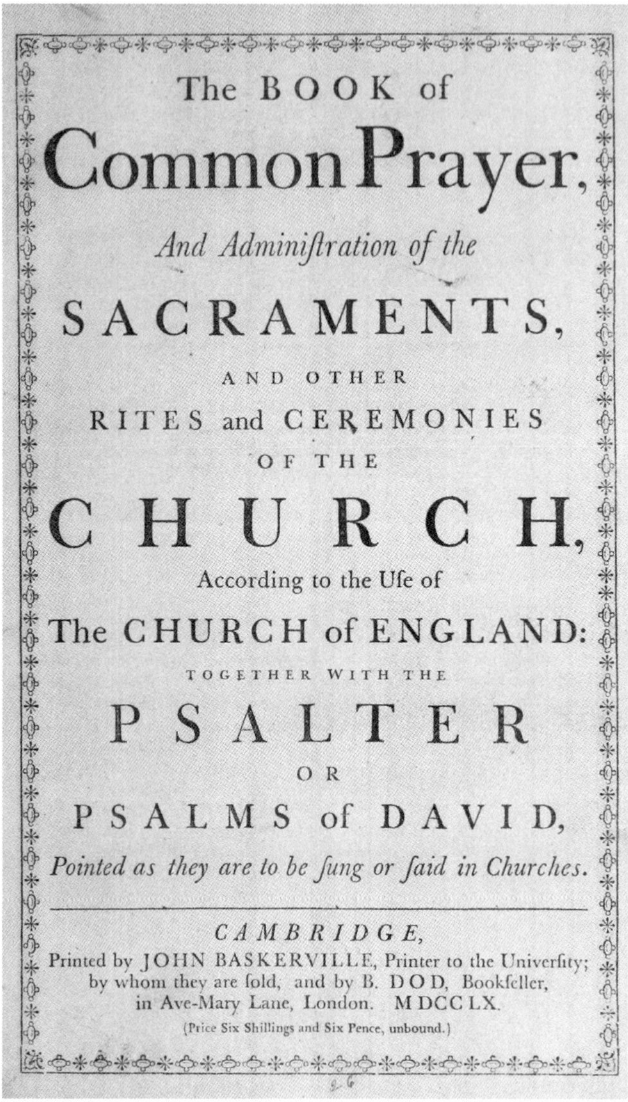
The BOOK of
Common Prayer,
*And Adminiſtration of the*
SACRAMENTS,
AND OTHER
RITES and CEREMONIES
OF THE
CHURCH,
According to the Uſe of
The CHURCH of ENGLAND:
TOGETHER WITH THE
PSALTER
OR
PSALMS of DAVID,
*Pointed as they are to be ſung or ſaid in Churches.*

*CAMBRIDGE,*
Printed by JOHN BASKERVILLE, Printer to the Univerſity;
by whom they are ſold, and by B. DOD, Bookſeller,
in Ave-Mary Lane, London. MDCCLX.
(Price Six Shillings and Six Pence, unbound.)

**『공동기도서』(*The Book of Common Prayer*)** | 제임스는 햄프턴 코트 종교회의(Hampton Court Conference)에서 청교도들과 첫 번째 회의를 시작하기 전에 회의에 참가할 주교들, 부주교들과 먼저 모임을 가졌다. 공동기도서의 수정과 같은 회의에서 다뤄질 문제들을 확정하기 위해서였다.

## 제3장

# 청교도 정책



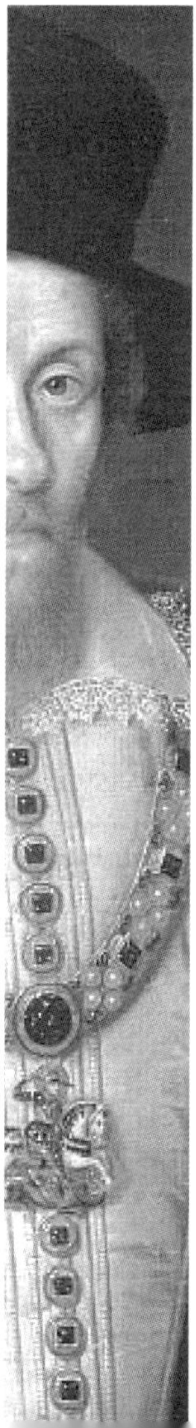

제1절

# 제임스 6세와 잉글랜드 청교도

### 청교도들의 기대

엘리자베스 여왕 사후 잉글랜드 왕위를 계승하게 된 스코틀랜드 왕 제임스 6세는 잉글랜드에 큰 기대를 품고 있었다. 교회에 대한 왕의 간섭을 철저하게 거부했던 스코틀랜드 교회와 달리 잉글랜드 교회는 왕이 종교적 수장까지 겸하고 있음을 인정하고 있었고, 잉글랜드의 왕권 역시 스코틀랜드보다 훨씬 안정되어 있었기 때문이다. 제임스의 입장에서는 잉글랜드가 그야말로 새로운 기회의 땅이었다.

잉글랜드의 청교도(puritan)들 역시 곧 즉위할 제임스에 대한 기대가 있었다. 가톨릭 교회의 입장에서 보면 엘리자베스 여왕 시기 잉글랜드 교회는 여왕이 교황에게 파문을 당할 정도로 신교적이었다.[1] 하지만 청교도의 입장에서 보면 가톨릭적인 요소들이 여전히 너무 많았다. 당시 엘리자베스 여왕의 중도적인 종교 정책에 맞서 좀 더 급진적인 개혁을 요구했던 청교도들은 박해받기 일쑤였고, 이들 중

1 1570년 2월, 교황 피우스 5세(Pius V)가 교황 교서 '천상의 통치(*Regnans in excelsis*)'를 통해 엘리자베스 여왕과 그 후계자를 파문했다.

일부는 망명을 떠나기도 했다. 이런 상황에서 잉글랜드 교회를 보다 급진적인 장로교 스타일로 개혁하길 바랐던 청교도들은 제임스에게 큰 기대를 걸었다. 그들은 잉글랜드 교회에 남아 있는 가톨릭적 요소를 정화하려는 자신들의 입장을 왕이 지지해 줄 것으로 기대했고, 그런 기대를 천인청원(Millenary Petition)에 담아 잉글랜드로 향하고 있던 왕에게 전달했다. 왕과 스코틀랜드 장로교 사이의 관계를 알고 있었던 청교도들은 장로교에 대한 직접적인 언급을 자제했다. 하지만 그들의 요구는 왕의 생각과 전혀 달랐다. 잉글랜드 교회 시스템에 기대를 품고 있던 왕에게 장로교 스타일의 교회 개혁을 요구했던 것이다. 그렇다면 이런 기대를 받았던 제임스의 잉글랜드 왕위 계승은 어떻게 이루어졌던 것일까?

### 잉글랜드 왕위 계승 후보들

엘리자베스 여왕은 삶의 마지막 순간까지 후계자를 지명하지 않고 있었다. 따라서 스코틀랜드의 제임스 6세, 요크 가의 후예(Yorkist)인 헌팅턴 백작 헨리 헤이스팅스(Earl of Huntingdon, Henry Hastings, 1535-1595)[2], 단리 경의 동생 찰스 스튜어트(Charles Stuart, 5th Earl of Lennox, 1555-1576)의 딸 아르벨라 스튜어트(Arbella Stuart, 1575-1615)[3],

---

2 헨리 헤이스팅스(Henry Hastings)는 잉글랜드 플랜태저넷 왕가(House of Plantagenet)의 후손이다. 그의 조모 앤 스태퍼드(Anne Stafford)는 2대 버킹엄 공작인 헨리 스태퍼드(Henry Stafford, 2nd Duke of Buckingham)의 딸이고 그의 외조부 헨리 폴(Henry Pole)은 조지 플랜태저넷 (George Plantagenet, 1st Duke of Clarence)의 외손자이다. 버킹엄 공작 가문과 클래런스 공작 가문은 잉글랜드 군주들과 가까운 친척이었고 두 가문 모두 잉글랜드 왕위 계승권을 주장할 수 있었다.

3 아르벨라는 부계, 제임스는 부계와 모계 모두가 잉글랜드 왕위 계승권과 연관이 있다. 아르벨라의 경우, 1610년 윌리엄 시모어(William Seymour)와 결혼하기 전까지 그녀의 잉글랜

심지어는 윌리엄 정복왕(William the Conqueror)과 곤트의 존(John of Gaunt)으로부터 유래한 잉글랜드 왕위 계승권을 주장하는 스페인의 이사벨라 공주(Princess Isabella Clara Eugenia, 1566-1633)까지 후계자로 거론되었다.[4] 런던시(City of London)와 군대, 특히 해군에서 큰 영향력을 가지고 있었던 청교도들은 이들 중 잉글랜드 태생인 헨리 헤이스팅스를 제임스 6세보다 더 선호했다.[5] 그러나 헨리가 엘리자베스 여왕보다 먼저 사망하자 그들은 다시 제임스를 주목하게 되었다.

엘리자베스 여왕도 제임스가 자신의 후계자라고 공식적으로 인정한 적은 없었으나 그의 왕위 계승 가능성은 늘 열어 두고 있었다.[6] 여왕은 제임스가 잉글랜드의 이익에 반하는 배우자를 고르지 않도록 그의 결혼에 관여했을 뿐 아니라, 비정기적인 보조금(irregular pension) 지급을 빌미로 스코틀랜드 정치에 간섭하기도 했다.[7] 또한

---

드 왕위계승권 때문에 많은 가톨릭 세력의 결혼 신청을 받았다. 그녀를 이용해 잉글랜드를 다시 가톨릭 국가로 만들고자 했기 때문이었다. 스페인 황제는 자기 동생과 그녀의 결혼을 추진했고, 교황 역시도 자기 형제였던 추기경을 환속시켜 그녀와 결혼시키려 했다.

4 Croft, King James, p.35; Lake, "The King(the Queen) and the Jesuit: James Stuart's True Law of Free Monarchies in Context/s," p.245. 펠리페 2세는 당시 교황 식스투스 5세(Sixtus V, 1521-1590, 재위 1585-1590)에게 교황 피우스 5세(Pius V, 재위 1566-1572)가 엘리자베스와 그녀의 후계자들을 파문하고 폐위를 주장하는 칙서를 내렸기 때문에 제임스 역시 한 명의 이단에 불과하다고 주장했다. 그러므로 제임스는 메리 여왕을 계승할 수 없고 오히려 본인의 딸인 이사벨라 공주가 더 적합한 가톨릭 여왕 후보라고 추켜세웠다.

5 Nicholas Tyacke, "Puritan Politicians and King James VI and I, 1587-1604" in *Politics, Religion and Popularity in Early Stuart Britain-Essay in Honour of Conrad Russell*, eds., Thomas Cogswell, Richard Cust and Peter Lake (Cambridge: Cambridge University Press, 2002), pp.32-33.

6 Tyacke, "Puritan Politicians and King James VI and I, 1587-1604," p.26.

7 David Stevenson, *Scotland's Last Royal Wedding-The Marriage of James VI and Anne of Denmark* (Edinburgh: John Donald Pub., 1997), pp.12-13. 제임스의 배우자는 스코틀랜드는 물론 미래 잉글랜드 왕위에도 문제가 되지 않을 혈통과 종교를 가진 사람이어야 했다. 맨 처음 주목받은 인물은 덴마크의 앤 공주(Anne of Denmark, 1574-1619)와 나바르 왕 앙리 3세의 누이 캐서린(Catherine de Bourbon, 1559-1604)이었다.

제임스의 장자 헨리(Henry Frederick Stuart, Prince of Wales, 1594-1612)의 세례식 때는 공식 사절단을 파견하여 중요한 역할을 담당하게 했다.[8] 이는 여왕이 제임스를 공식 후계자로 공표하지는 않았지만, 그가 잉글랜드 왕위를 계승할 가장 유력한 후보임을 어느 정도 인정한 것으로 이해할 수 있다. 이런 상황에서 잉글랜드 청교도들도 미래의 지배자가 될지 모를 제임스의 비위를 맞추기 위해, 또 잉글랜드보다 훨씬 철저한 종교개혁을 경험한 스코틀랜드에 대한 동경심에서 제임스와의 관계 개선을 도모하였다. 그들이 제임스의 계승을 지지하는 저서들을 출판했던 것도 같은 맥락에서 이해할 수 있다.

### 제임스와 청교도의 인식 차이

청교도 하원의원이었던 피터 웬트워스(Peter Wentworth, 1529-1596)는 자신의 저서 『여왕에게 바치는 왕위 계승자 선택에 대한 간략한 충고』(*A Pithie Exhortation to her Majesty for establishing her Successor to the Crown*, 1587)[9]와 또 다른 글 「담화」(Discourse, 1596)를 통해 잉글랜드 왕위에 대한 제임스의 주장과 세습적 권리를 인정하였다.[10] 특히 편지 형식으로 된 「담화」에서 제임스는 "우리의 종교와 법들을 지

8 Tyacke, "Puritan Politicians and King James VI and I, 1587-1604," pp.25-26. 사절단의 우두머리였던 서섹스 백작(Earl of Sussex) 로버트 랫클리프(Robert Ratcliff)는 세례식에서 여왕을 대리하여 헨리 왕자를 예배당으로 인도하는 역할을 담당했다.

9 이 책은 제주이트 퍼슨즈의 *A Conference about the next succession to the Crown of Ingland* (1594)에 대한 반박으로, 잉글랜드 왕위 계승에서 제임스의 우위를 옹호하고 있다. Lake, "The King(the Queen) and the Jesuit: James Stuart's *True Law of Free Monarchies* in Context/s," p.247.

10 J. E. Neale, "Peter Wentworth," *English Historical Review* 39 (1924), pp.36-54, 175-205; Tyacke, "Puritan Politicians and King James VI and I, 1587-1604," p.21.

탱할 믿을 만한 인물"로 묘사되고 있다. 웬트워스는 청교도들이 원하는 교회 개혁과 스튜어트 가문의 계승 사이에 어떤 연결점을 만들지는 않았다. 하지만 공인된 계승자의 부재가 잉글랜드에 내란을 초래하거나 진실한 종교를 위태롭게 할 수 있다는 점은 강조했다.[11] 이외에도 일부 청교도들은 엘리자베스 여왕이 서거했을 때 재빨리 스코틀랜드로 가서 제임스에게 충성을 맹세하거나, 대관식을 위해 런던으로 향하던 왕의 행렬을 환영함으로써 왕과의 관계 개선을 도모하였다. 잉글랜드 청교도이자 하원의원이었던 헨리 브롬니(Henry Bromley, 1560-1615)와 올리버 크롬웰(Oliver Cromwell, 1562-1655) 등이 바로 그런 경우였다.[12]

그렇다면 제임스는 잉글랜드 청교도들에 대해 어떤 생각을 가지고 있었을까? 그는 『바실리콘 도론』의 첫 번째 장(「신에 대한 기독교 왕의 의무」)에서 "교회 내의 양극단인 가톨릭과 재세례파를 조심하라." 라고 충고한 후 청교도를 재세례파의 분파로 규정하며 이 둘을 거의 동일시하고 있다.[13] 그는 또 청교도들이 "무가치하고 독선적"이며 그들 스스로가 도덕적 결점을 가지고 있음에도 불구하고 자신

11 그러나 후계자 문제는 전적으로 여왕의 권한에 속하는 것이었다. 피터 웬트워스의 주장은 공식적으로 후계자를 공표하지 않는다는 여왕의 입장에 위배되는 행동이었기에 그는 런던탑에 수감되었다.

12 여기서 언급된 올리버 크롬웰은 영국 내란 이후 호국경(Lord Protector)이 되었던 올리버 크롬웰(Oliver Cromwell)의 삼촌이다. 그는 헨리 왕자의 세례식 때 처남 헨리 브롬니와 함께 스코틀랜드를 방문했다. 당시 사절단의 우두머리는 서섹스 백작이었고, 크롬웰은 와튼경(Lord Wharton)의 뒤를 이어 12명의 사절단 중 세 번째의 지위에 있었다. 그는 헌팅턴(Huntingdon) 근처 헌팅브룩(Huntingbrooke)에 영지를 가진 지주이자 정치가였다. 에든버러를 떠나 런던으로 가던 제임스는 도중에 그의 저택에 들러 융숭한 대접을 받았다.

13 James VI & I, *Basilikon doron*, p.4. Fincham & Lake의 "The Ecclesiastical Policies of James Ⅰ and Charles Ⅰ"에 따르면 제임스는 재세례파, 분리주의자 그리고 장로교 등을 모두 청교도로 정의했다.

들만이 순수하다고 주장하는 것을 비난했다.[14] 이런 이유로 제임스는 "청교도들이 교회와 국가에 아주 유해한 존재"이며, 만약 "그들이 법을 어기거나 반란에 대한 논쟁을 멈추지 않는다면 처벌해야 한다."라고 주장한다.[15] 또 1603년 당시 국무상 세실과 주고받은 편지에도 "나는 어떤 경우라도 종교의 양극단을 싫어한다."라는 제임스의 언급이 나온다.[16] 즉 그는 청교도를 가톨릭과 더불어 종교의 양극단으로 묘사했던 것이다. 스코틀랜드의 당대 상황과 깊은 관계가 있었던 제임스의 이런 언급들은 그가 청교도를 어떻게 생각하고 있었는지를 명확하게 보여주고 있다.

게다가 양자는 스코틀랜드 장로교를 바라보는 관점에서도 큰 차이를 보였다. 당시 토마스 카트라이트(Thomas Cartwright, 1535-1603)와 같은 청교도들은 잉글랜드 교회를 스코틀랜드 장로교 스타일로 개혁하기를 바라고 있었고, 스코틀랜드의 장로교들 역시 순수한 장로교 체제를 오염시킬 수 있는 잉글랜드 교회 제도를 개혁해야 한다고 주장하고 있었다. 그러나 장로교 체제하에서 왕권을 제한당한 채 스코틀랜드를 다스렸던 제임스의 생각은 이들과 달랐다. 그는 교회와 왕이 완전하게 분리되어 있고, 교회가 왕을 혼내 주거나 징빌할 권리를 가지고 있다고 믿었던 장로교의 입장을 좋아하지 않았다. 국왕

---

14 James VI & I, *Basilikon doron*, pp.18-19.

15 James VI & I, *Basilikon doron*, pp.3-12; C. H. McIlwain, ed., *The Political Works of James I* (Cambridge, MA: Harvard University Press, 1918), pp.23-24, 26-28; John Coffey, *Persecution and Toleration in Protestant England 1558-1689* (Harlow: Longman, 2000), p.111.

16 James I, King of England, *The Letters of King James VI and I*, ed. G. P. V. Akrigg (Berkeley: University of California Press, 1984), no. 91; Irene Carrier, *James VI and I-King of Great Britain* (Cambridge: Cambridge University Press, 1998), p.60.

의 권한을 제한한다는 측면에서는 교황이 국왕을 폐위시킬 수 있다는 가톨릭의 입장과 다르지 않았기 때문이다.[17] 1584년 암흑법으로부터 1592년 황금법에 이르기까지 제임스는 스코틀랜드 내 장로교의 우위를 전복하기 위해 다양한 노력을 기울였다.[18]

스코틀랜드 국교회와 잉글랜드 국교회를 일치시킬 의도로 만들어진 암흑법은 앞서 언급했던 것처럼 당시 스코틀랜드 세인트앤드루스의 대주교였던 패트릭 애덤슨, 캔터베리 대주교였던 존 위트기프트가 제임스와 함께 주도한 것이었다. 이 법을 통해 제임스는 스코틀랜드에서 잉글랜드 주교제를 확립하고, 이를 토대로 스코틀랜드 장로교의 힘을 약화시키려 했다.[19] 황금법 역시 법 제정 의도에서는 암흑법과 다르지 않았다. 이 법은 장로교도들이 왕의 간섭을 받지 않고 자유롭게 총회를 소집하고 연설할 수 있도록 허용하고 있어, 표면적으로는 왕이 장로교에 큰 양보를 한 것처럼 보인다. 하지만 장로교의 자유로운 총회는 인정하되 총회의 개최 장소와 날짜는 결국 왕이 결정하는 것이었기에 제임스는 자신의 지지 세력이 많은 북부 지역에서 총회를 개최할 수 있었다.[20] 게다가 당시 가난한 목사들이 긴 여행을 떠난다는 것은 경제적으로도 쉽지 않은 일이었다. 이런 이유로 제임스는 북부에서 개최되는 총회를 통해 장로교 총회를 자신의 의도대로 조종할 수 있게 되었다. 이는 물론 교회와 왕을 완

17 McCafferty, “The Churches and Peoples of the Three Kingdoms, 1603-1641,” p.60.
18 Tyacke, “Puritan Politicians and King James VI and Ⅰ, 1587-1604,” p.36.
19 Donaldson, “The Attitude of Whitgift and Bancroft to the Scottish Church,” pp.95-154; 김중락, 「복합왕국의 종교적 이질성과 교회통일정책, 1603-1647」, 『서양사론』 58 (1998), p.38.
20 홍치모, 『스코틀랜드 종교개혁과 영국혁명』, 총신대학교 출판부(1991), p.67.

전히 분리하겠다는 장로교 체제에 대한 그의 강력한 반대를 드러내는 것이기도 하다.

신학적으로 제임스는 절대적인 예정설의 교리를 신봉하는 칼뱅주의자였지만 장로교는 싫어했다.[21] 장로교가 교회에 대한 군주의 권위를 빼앗았다고 생각한 그는 장로교 체제를 잉글랜드에 이식시키려는 청교도들 역시 좋아하지 않았다. 그러나 친정 무렵부터 엘리자베스 여왕의 후계자가 되겠다는 야심을 숨기지 않았던 제임스의 입장에서는 이러한 자신의 종교적·정치적 입장을 잉글랜드 청교도들에게 명확히 드러낼 수가 없었다. 잉글랜드 청교도 중도파의 지지와 충성을 확보하려면 그들에게 좀 더 유화적인 태도를 보여야 했기 때문이다. 결국 그는 종교적으로 중도를 표방하면서 자신의 입장을 명확하게 표현하지 않았다. 이는 그가 세실에게 한 다음과 같은 말에서 잘 드러난다. "나는 오직 중도파만 인정한다. …… 나는 어떤 사람이 종교적 견해 차이 때문에 피 흘리는 것을 …… 결코 허용하지 않을 것이다."[22]

제임스의 종교적 입장은 그의 정치적 입장 때문에 이중적일 수밖에 없었다. 1591년, 잉글랜드 교회의 주교제를 비난했던 토마스 카트라이트와 다른 성직자들이 플리트 감옥(Fleet prison)에 감금되었을 때 제임스는 엘리자베스 여왕에게 그들의 선처를 구하는 편지를 썼는데, 이 또한 그가 잉글랜드 청교도에게 보낸 일종의 구애 표시였다.

---

21 Coffey, *Persecution and Toleration in Protestant England 1558-1689*, p.111.
22 James Ⅰ, *The Letters of King James VI & Ⅰ*, no. 91.

### 제임스에 대한 청교도의 인식

칼뱅의 후계자라 할 수 있는 베자(Théodore Beza, 1519-1605)가 쓴 제임스에 대한 찬사는 제임스에 대한 청교도들의 인식 개선에 도움을 주었다. 이 책은 베자가 1596년 11월 제네바에서 쓴 것인데, 그다음 해에 스코틀랜드로 망명한 잉글랜드 청교도 로버트 월드그레이브(Robert Waldegrave, 1554-1604)에 의해 에든버러에서 출판되었다. 이 책에서 베자는 제임스의 "복음에 대한 훌륭하고 칭찬할 만한 배려와 주의 깊음"을 언급하면서 그를 "스코틀랜드 교회의 순결한 진심을 보호하는" 인물로 묘사했다. 그는 또 "신은 왕을 그의 신민들을 위한 군주이자 설교자로 만들었다."라고도 썼다. 이 책은 제임스의 의도를 의심했던 잉글랜드 청교도들에게 긍정적인 영향을 끼쳤다.[23]

하지만 이것이 전부는 아니다. 제임스가 스코틀랜드에서 완전한 장로제가 아니라 장로교와 주교제를 혼합한 이중적인 제도를 시행했지만, 그 혼합적인 제도조차도 1640년대 이전에 잉글랜드에 나타났던 그 어떤 제도보다 더 급진적이었다는 점,[24] 또 설교자들의 활동에 제임스가 엘리자베스 여왕보다 더 호의적일 것으로 기대되었다는 점[25]이 제임스에 대한 청교도들의 인식을 좀 더 긍정적인 것으로 만들었다.

---

23 Julian Goodare, *State and Society in Early Modern Scotland* (Oxford: Oxford University Press, 1999), pp.194-196; R. Rollock, *Select Works*, ed. W. M. Gunn (Edinburgh: Wodrow Society, 1844-1849), pp.1-12; Tyacke, "Puritan Politicians and King James VI and I, 1587-1604," p.36.

24 Foster, *The Church before the Covenants, The Church of Scotland 1596-1638*, esp. chs. 4-5; Tyacke, "Puritan Politicians and King James VI and I, 1587-1604," p.36.

25 실제로 제임스는 잉글랜드 왕위 계승 후 열성적인 설교자들을 후원했는데, 그중 대표적인 인물이 1624년 주교로 임명된 청교도 존 프레스톤(John Preston)이다.

물론 왕실 통합이 이루어진 1603년까지 제임스는 자신의 종교적 입장을 분명하게 밝힐 수 없었다. 앞서 언급한 것처럼 그의 종교적 입장은 정치적인 이유로 인해 이중적이었기 때문이다. 제임스는 "종교적인 차이로 신민들을 박해하지 않겠다."라는 언급으로 더 많은 중도 청교도들을 포섭하려 했는데, 이는 가톨릭에 대해서도 마찬가지였다.[26] 청교도에 대한 제임스의 입장이 좀 더 분명해진 것은 그가 잉글랜드 왕위을 계승한 후 개최된 햄프턴 코트 종교회의를 통해서였다.

26 Collinson, "The Jacobean Religious Settlement: The Hampton Court Conference," p.172.

제2절

# 햄프턴 코트 종교회의의 개최

### 햄프턴 코트 종교회의의 의미

햄프턴 코트 종교회의는 제임스가 추진한 청교도 정책 중에서도 가장 핵심적인 것이었다. 이런 이유로 제임스 시대의 종교 정책을 연구하는 많은 학자들이 이 회의에 관심을 갖고 연구를 진행했다. 그들 중 상당수는 햄프턴 코트 종교회의가 청교도와 국교를 화해시킬 수 있는 좋은 기회였지만, 제임스의 비타협적 태도 때문에 성공을 거두지 못했다고 주장한다. 이런 해석은 제임스가 청교도에게 국교 관습을 강요했고, 이 때문에 생겨난 만성적인 불만이 결국 1642년의 혁명을 야기했다는 주장으로 연결된다.[27] 『영국의 역사』(*History of Great Britain*)를 저술한 데이비드 흄(David Hume)은 가톨릭의 '미신(superstition)'과 프로테스탄트의 '광신(fanaticism)'이 제임스의 종교 정책에 악영향을 끼쳤음을 설명하면서, 햄프턴 코트 종교

27 Graham E. Seel, *Regicide and Republic-England 1603-1660* (Cambridge: Cambridge University Press, 2001), pp.20-22.

회의를 허용한 것은 제임스의 실수였다고 주장했다.[28] 가드너 역시 햄프턴 코트 종교회의가 좋은 기회였으나 청교도들의 양보를 끌어내는 데 실패하며 비극적으로 소비되었다고 보았다. 그는 제임스가 유럽의 종교적 지도자가 되겠다는 꿈을 가지고 있었는데, 이는 그의 '자신감 과잉'에서 비롯된 것으로 보았다.[29] 제이슨 화이트(Jason White)도 제임스가 헌신적인 신교도였지만, 자신의 이해관계 때문에 잉글랜드 청교도들의 기대를 수용할 수 없었다고 주장했다.[30] 이들은 청교도 정책의 길잡이 역할을 했던 햄프턴 코트 종교회의를 실패로 간주하면서 이런 제임스의 청교도 정책이 종교적 통합을 이끌어내지 못했을 뿐 아니라, 왕권 강화 측면에서도 별 도움이 되지 못했다고 주장한다.

그러나 또 다른 연구자들은 햄프턴 코트 회의가 성공적이었고, 제임스가 청교도들의 주장 일부를 수용했다고 주장한다. 마크 커티스(Mark H. Curtis)는 제임스가 햄프턴 코트에서 청교도 대표들의 주장에 귀를 기울였고, 그들의 주장도 일부나마 수용했다고 판단했다.[31] 핀챔과 레이크의 경우에는 제임스가 청교도들을 싫어했다는 점을

---

28 David Hume, *The History of Great Britain, The Reigns of James I and Charles I*, ed. Duncan Forbes (London: Penguin, 1970), pp.71-76, 96, 146, 149-153, 172-173; Ralph Houlbrooke, "James's Reputation, 1625-2005," in *James VI & I-Idea, Authority, and Government,* ed. Ralph Houlbrooke (Aldershot: Ashgate, 2006), p.178.

29 Samuel R. Gardiner, *History of England from the Accession of James I to the Outbreak of the Civil War, 1603-1642* (London: Longmans, 1895-99), vol. 1, p.176: vol. 5, pp.159, 315-316.

30 White, *Militant Protestant and British Identity*, p.2.

31 Mark A. Curtis, "the Hampton Court Conference and its Aftermath," *History*, 46 (1961): 1-16.

부정하지는 않았다. 하지만 햄프턴 코트에서 자신의 지지 기반을 확대하고 싶었던 제임스가 '중도적인 청교도들을 국교회 내에 머물도록 유혹하는' 입장을 취했고, 또 이런 역할을 잘 수행했다고 보았다.[32] 한편 콜린슨은 햄프턴 코트 회의 개최를 제임스가 허용한 것은 그가 이 논쟁을 승리로 이끌 자신이 있었고, 또 논쟁 자체를 좋아했기 때문이라고 보았다. 나아가 그는 제임스가 햄프턴 코트 종교회의에서 자신을 대변할 인물들을 적절히 선발할 수 있었고, 장로교 체제를 바라는 청교도들을 단념시키기 위해 이 회의를 전략적으로 잘 이용했으나, 청교도 대표들은 자신들의 입장을 잘 대변하지 못했다고 주장했다.[33] 이들에 따르면 햄프턴 코트 종교회의는 제임스가 정책적 차원에서 잘 활용한 꽤 성공적인 회의였고, 제임스는 중도적인 청교도들을 통해 자신의 지지 기반을 확대할 수 있었다.

그러나 햄프턴 코트 종교회의가 왕과 청교도 사이에 불거진 모든 문제를 해결한 것은 아니었고, 이 회의로 제임스의 청교도 정책을 다 이해할 수 있는 것도 아니다. 제임스가 중도적인 청교도들을 자신의 편으로 끌어들이기는 했지만, 불화는 여전히 존재하고 있었다. 제임스의 청교도 정책을 좀 더 종합적으로 살펴보기 위해서는 먼저 잉글랜드 왕위 계승 이전에 제임스와 잉글랜드 청교도들 간의 관계가 어떠했는지를 되짚어 보아야 한다. 또 잉글랜드 왕위 계승 후 제임스가 본격화한 청교도 정책의 목적과 내용도 검토해 보아야 한

---

32 Fincham & Lake, "The Ecclesiastical Policy of King James Ⅰ," pp.171, 180; Fincham & Lake, "The Ecclesiastical Polices of James Ⅰ and Charles Ⅰ," pp.23-49.

33 Collinson, "The Jacobean Religious Settlement: The Hampton Court Conference," pp.29-30.

다. 따라서 아래에서는 햄프턴 코트 종교회의뿐 아니라, 그가 중도적인 청교도들과 벌인 신학 논쟁까지 함께 고찰하고자 한다.

### 천인청원

1603년 3월 24일 엘리자베스 여왕이 사망하자 제임스는 곧 새로운 잉글랜드 국왕으로 선포되었다. 런던에서의 대관식을 위해 4월 5일 에든버러를 출발한 제임스는 4월 6일 버윅(Berwick)을 지나 천천히 남쪽을 향해 나아갔다.[34] 이는 4월 28일로 예정된 엘리자베스 여왕의 장례식이 끝난 후 런던에 도착하도록 세심하게 계획한 결과였다. 그러나 런던에 도착하기도 전에 제임스는 '잉글랜드 국교 의식의 부담하에 신음하는 수천 명의 신민과 성직자들'을 대변하기 위해 만들어졌다는 문서를 건네받게 된다.[35] 이것은 잉글랜드 청교도 성직자 천 명이 서명한 '천인청원'이었는데, 주로 노샘프턴셔(Northamptonshire)와 서섹스(Sussex) 등에서 활동하던 청교도들에 의해 만들어졌다.[36]

이 천인청원이 교회 개혁을 요구한 최초의 청원이었던 것은 아니다. 엘리자베스 여왕 시대부터 청교도들은 '독실하고, 학식 있고, 설교하는 성직자'를 이상적인 성직자라고 생각했다. 그리고 이러한

---

34 McCafferty, "The Churches and Peoples of the Three Kingdoms, 1603-1641," p.53. 제임스가 런던에 도착한 것은 1603년 5월 7일이었다. 6월 25일로 예정된 대관식 때까지 그는 그리니치 궁전에 머물렀다.

35 T. Fuller, *The Church History of Britain*, ed., J. Nichols (London: William Tegg, 1868), vol. 3, pp.215-217; J. P. Kenyon, *The Stuart Constitution* (Cambridge: Cambridge University Press, 1965), pp.132-134. 천인청원은 4월 28일 왕에게 제출되었다.

36 Croft, *King James*, p.156.

이상과는 거리가 먼 일반 교구 성직자들의 부패상을 한탄했다. 특히 청교도 급진파들은 주교제 폐지와 장로교 스타일로의 교회 재건을 요구하는 청원서를 엘리자베스 여왕에게 여러 번 제출했다. 그러나 이러한 청원들은 당시 여왕과 대주교 위트기프트의 반대로 조용히 폐기되었다.[37] 상황이 이러하다 보니 제임스의 왕위 계승은 그들에게 또 다른 기회를 의미했다. 헨리 왕자의 세례식 때 이미 스코틀랜드를 방문했던 올리버 크롬웰은 천인청원이 제임스에게 전달되기 전에 또 다른 청원서를 그에게 제출하였다. 그것은 작성자가 명확하게 알려져 있지 않은 일종의 '진정서(Memorial)'로, 내용은 천인청원과 유사했다. 두 부분으로 이루어진 이 '진정서'의 첫 번째 부분에서 청교도들은 세실 정부의 부패를 공격했다. 세실이 후견 법정(the Court of Wards)의 수장 자리를 이용하여 "어울리지 않는 결혼을 한 피후견인들"을 강탈하고 있다는 것이었다.[38] 이어지는 두 번째 부분에서 이들은 에드워드 6세(Edward VI, 1537-1553) 시대에 진행되었던 급진적 교회 개혁의 복구와 지속을 요청했다. 그 내용은 설교 성직자를 증원할 것, 결혼식의 반지 사용과 같은 가톨릭의 흔적들을 제거할 것, 우상숭배나 간통에 대해서는 강력하게 처벌할 것 등이었다.[39]

37 천인청원 이전에도 많은 청원이 있었다. Collinson, "The Jacobean Settlement: The Hampton Court Conference," pp.27-32.

38 당시 국무상인 세실 외에도 옥새상(Lord Keeper) 이거튼(Egerton)과 재무상(Lord Treasurer) 버크허스트(Buckhurst)가 관직 매각 등의 혐의로 구설에 올랐다. Nicholas Tyacke, "Puritan Politicians and King James VI and Ⅰ, 1587-1604," pp.21-44.

39 Lisle, *After Elizabeth*, pp.192-193. 에드워드 6세(Edward VI)의 외숙부인 서머싯 공(Duke of Somerset) 에드먼드 시모어(Edmund Seymour)는 에드워드 6세의 지지하에 헨리 8세 시대의 애매한 교리들을 신교식으로 개혁하였다. 교회 내의 성상들이 철거되거나 파괴되었고 한 교구에 두 개 이상 존재하던 교회는 하나로 통합되었다. 또 가톨릭적인 6개 조항의 법(Act of Six Articles)은 폐지되었다. 이제 주교는 왕이 직접 임명했고, 따라서 주

천인청원의 내용 중 많은 부분은 이전에 엘리자베스 여왕에게 제출되었던 다른 청원들이나 이 '진정서'의 내용과 겹친다. 그러나 제임스가 잉글랜드 왕위를 계승하기 전에는 지지 세력 확보를 위해 청교도들에게 유화적인 태도를 취했던 것처럼, 청교도들도 잉글랜드 왕으로 확정된 제임스의 지지를 얻기 위해 좀 더 유화적인 태도로 청원 내용을 구성하였다. 청교도들은 왕과 스코틀랜드 장로교 사이의 불편한 관계를 잘 알고 있었던 만큼 장로교에 대한 언급은 철저히 피해 갔다. 청원자 중 한 명인 토마스 바이워터(Thomas Bywater)는 "우리는 그들이 아니다. 우리는 그들이 한 것처럼 하지 않는다."라는 표현을 통해 스코틀랜드 장로교도와 잉글랜드 청교도를 혼동하지 말라고 당부하기도 했다.[40] 또한 제임스가 아들에게 주교들이 "진지하고 학식 있는 군주의 최고 동반자"라고 충고했던 점,[41] 장로교와 대적하기 위해 스코틀랜드에서 주교제를 적극 활용했던 점을 고려하여 주교제 폐지에 대한 언급도 철저히 피했다. 그들은 특히 잉글랜드 왕위 계승에 맞추어 런던에서 재출판된 『바실리콘 도론』에 실린 새로운 서문에서 청교도들을 "재세례파의 분파"이자 "행정장관들에게 도전"하는 무리, 평화를 어지럽히는 무리로 묘사한 제

교를 처벌하는 교회 법정은 반드시 왕의 이름으로 소집해야 했다. 성직자는 독신이어야 한다는 교회법도 무효화되었다. 이는 잉글랜드 교회의 가톨릭적 요소들을 폐지함으로써 잉글랜드 교회가 신교적이라는 것을 보여주려 한 것이었다.

40 Bodleian Library, MS Rawlinson B 151, f. 95v; Collinson, "The Jacobean Settlement: The Hampton Court Conference," p.31.

41 Arthur P. Kautz, "The Selection of Jacobean Bishops" in *Early Stuart Studies: Essays in Honor of David Harris Willson*, ed. Harold S. Reinmuth (Minneapolis: University of Minnesota Press, 1970), p.154; Collinson, "The Jacobean Settlement: The Hampton Court Conference," pp.32-33; Fincham, *Prelate as Pastor*, p.35.

임스의 심기를 건드리지 않으려고 노력하였다.[42] 청교도들은 자신들이 왕권에 불만을 가진 것은 아니며, 단지 "그리스도의 진정한 종으로서 그리고 전하의 충성스러운 신하로서 잉글랜드 교회의 다양한 악습들이 시정되기를 간절히 바란다."라는 청원의 말을 담아 제임스에게 전달하였다.[43]

### 청원 요구 사항들

청원서에는 종교개혁 이후에도 잉글랜드 교회에 여전히 남아 있던 가톨릭적인 전례(ritual)와 의식(ceremony)들이 자세하게 언급되었다. 청교도들은 이러한 악습을 '질병들(diseases)'이라고 표현하면서 이러한 질병들을 치료하도록 신이 임명한 의사가 바로 국왕(제임스)이라고 추켜세웠다. 그들이 언급한 '질병들'은 4개 부분으로 나뉘어 조목조목 열거되었는데, 첫 번째는 잉글랜드 교회의 예배 의식에 관한 것이었다. 이들은 세례식의 십자가와 견진성사(confirmation) 등은 쓸데없는 것이므로 없애야 한다고 주장했고, 속인들에 의한 세례—예를 들면 일부 지역에서 산파가 어린아이들에게 주었던 세례—의 금지, 결혼식의 반지 사용 금지 등을 요구했다. 이들은 또 가톨릭의 사제복을 연상시키는 희고 긴 중백의(surplice)와 후드(hood)의 사용 역시 금지할 것을 주장했다. 두 번째는 교회 성직자들에 대한 것이었다. 이들은 능력과 자격을 갖춘 이가 성직자가 되어야 하고, 자신

42 King James VI & I, *Basilikon Doron*, pp.3-12.
43 Fuller, *The Church History of Britain*, pp.215-217; Kenyon, *The Stuart Constitution*, pp.132-134.

들의 교구에 머물지 않는 부재 성직자에 대해서는 성직을 허가하지 않아야 한다고 주장했다. 또 성직자들의 합법적인 결혼을 위해 에드워드 6세 시대의 법령을 부활시켜 달라고 요청했다.[44] 세 번째는 성직자들의 생계유지에 관한 것이었다. 이는 성직자가 자신의 성직록 이외에 다른 성직록을 소유하는 것, 즉 성직 겸임을 금지하자는 것이었다. 마지막 네 번째는 교회의 징계(discipline)에 관한 것이었다. 파문과 같은 징계는 정부의 장관 같은 속인에 의해서가 아니라 그리스도의 규정에 따라 관리되어야 한다는 내용이었다. [45] 그들은 토론을 좋아하는 국왕의 기호를 자극하며 '학식 있는 사람들과의 회의'를 통해 이 문제를 해결하자고 제안했다.[46]

사실 이러한 청원은 잉글랜드에 종교적 혼란을 야기할 수도 있는 것이었다. 가톨릭과 청교도들이 각기 다른 기대를 품고 새로운 왕의 즉위를 기다렸기 때문이다. 가톨릭교도들은 제임스의 어머니가 가톨릭교도였고 그의 왕비 또한 가톨릭에 동조적이었기에 왕이 가톨릭에 관용을 베풀 것으로 기대했다. 반면 청교도들은 장로교 체제하에서 성장하고 교육을 받은 왕이 잉글랜드 국교회를 더 급진적인 방향으로 개혁할 것으로 기대했다. 그들은 서로 반대되는 희망을 국왕에게 전달했는데, 그중 청교도들의 기대가 바로 '천인청원'에 담겼던 것이다.

---

44 에드워드 6세 시대인 1549년 제정된 통일법(Act of Uniformity)에는 사제들의 결혼을 허락하는 조항이 포함되어 있었다.

45 Fuller, *The Church History of Britain*, pp.215-217; Kenyon, *The Stuart Constitution*, pp.132-134.

46 Croft, *King James*, p.156.

### 교회를 지배하는 왕권

제임스는 여러 이유로 이 청원을 심각하게 받아들였다. 스코틀랜드 장로교 체제하에서 왕권 제한을 경험했던 제임스는 최고 지배자로서 교회를 지배하는 국왕의 권리를 행사하길 원했고, 잉글랜드 국교회가 규정하고 있는 지배자의 역할이 이런 자신의 생각과 잘 어울린다고 생각하고 있었기 때문이다.[47] 그에게 중요한 것은 종교가 아니라 왕권에 대한 신민의 충성이었다. 그러므로 이 청원은—청교도들의 바람과는 달리—교회에 대한 그의 지배권을 침해하는 행위로 여겨졌다. 또한 충성과 통합을 통치의 기본으로 삼았던 제임스의 입장에서는 어떤 한 종파의 청원만 들어줄 수도 없는 노릇이었다. 제임스는 자신의 종교적 입장을 명확히 드러내기보다는 그들 모두를 아우를 수 있는 중도적인 입장을 유지하고 싶었을 것이다.

게다가 이 천인청원은 당시 잉글랜드 국교회의 반대를 불러일으켰다. 국교도인 옥스퍼드의 학자들은 이 청원에 다음과 같이 반응했다.

> 우리는 현재의 국가와 교회 정부에 불만을 품고 청원으로 자신들을 보여주었던 두 개의 반대되는 당파, 즉 교황쟁이들(the Papists)과 청교도들(the Puritans)을 관찰했다. 이들은 참으로 삼손의 여우들(Samson's foxes)[48] 같다. 그리고 그들은 정말로 가혹한 우두머리를

47 Carrier, *James VI and I -King of Great Britain*, pp.49-50.

48 삼손은 300마리의 여우를 잡은 후 꼬리에 횃불을 매달았다. 그런 다음 필리스틴 사람들(옛

> 가졌다. 그 하나는 교황이고, 다른 하나는 장로회(Presbytery)이다. 그들의 꼬리에는 횃불이 묶여 있다. 만약 그들이 조만간 그것을 풀지 않는다면 전 국토가 소동과 혼란에 빠질 것이다.[49]

옥스퍼드 학자들은 서로 상반되는 종파가 국왕에게 각자의 청원서를 보내는 행위가 국가적 혼란을 야기할 것이라는 점, 게다가 이들의 주장은 국가나 국왕이 아니라 자신들의 우두머리인 교황이나 장로회를 위한 것이라는 점을 지적하며 반발한 것이다. 고위성직자들도 마찬가지였다. 이들은 논쟁 주제들이 왕의 권위를 위태롭게 할 수 있다는 이유로 청교도들이 제안한 햄프턴 코트 종교회의의 개최 자체를 반대했다.[50]

이런 냉소적인 반응에도 불구하고 제임스가 이 청원을 받아들인 것은 우선 자신이 스코틀랜드에서 장로교 지도자들과 빈번하게 논쟁했기 때문에 이 논쟁을 승리로 이끌 자신이 있었다는 점과, 또 본인이 신학적인 논쟁에 관여하기를 좋아했다는 점 때문이었다. 그는 엘리자베스 여왕보다는 자신이 청교도들에게 더 호의적이라는 것을 보여주고 싶었을 것이다.[51] 그러나 이 기회를 통해 세속 문제뿐 아니

---

날 Palestine의 남부에 살던 민족이며 유대인의 적)의 경작지로 여우를 몰아넣어 곡식을 불태워 버렸다. 이는 구약 「사사기」의 구절을 인용한 것이다.

49 *The Answer of the Vice Chancellor, the Doctors, both Proctors, and the Other Head of the Houses in the University of Oxford etc. to the Humble Petition of the ministers of the Church of England, desiring Reformation of Certain Ceremonies and Abuses of the Church, Dedicated to the Archbishop of Canterbury, Lord Buckurst, Lord Cecil and the Privy Council*, Oxford, 1603 (British Library Tract); Carrier, *James VI and I -King of Great Britain*, p.54.

50 Croft, *King James*, p.156.

51 Alan Cromartie, "King James and the Hampton Court Conference," Ralph

라 교회 문제까지도 해결하고야 마는 국왕의 모습을 부각하는 것이 더 중요한 이유였을 것이다. 그는 대관식에서 자신을 잉글랜드 국교회(Anglican Church)의 우두머리이자 지배자라고 선언한 바 있지 않은가.[52] 제임스는 이 회의를 통해 중도적인 청교도들을 국교회에 통합시켜 종교적 일치를 이루는 것은 물론, 교회에 대한 국왕 우위라는 신념까지 강조하려고 했던 것이다. 그에게 중요했던 것은 바로 교회를 지배하는 왕의 권위였다.

그 이전에도 국가의 종교적 문제를 논의하는 예외적인 모임이 존재하기는 했다. 예를 들어 1584년 12월에는 주교들·청교도 성직자들·행정관들이 램버스(Lambeth)에 있는 존 위트기프트의 집에 모여 교회 내에서 성서의 외전들(apocryphal scriptures)을 낭독하는 행위, 속인에 의한 사적인 세례, 사적인 성찬식, 성직 겸임이나 부재 성직자에 대한 문제 등을 논의한 적이 있었다. 이런 구성은 햄프턴 코트 종교회의와 매우 유사한 것이었다. 당시 참석자들은 위트기프트, 윈체스터(Winchester)의 주교 토마스 쿠퍼(Thomas Cooper, 1517-1594)를 포함한 세 명의 주교들, 청교도 대표인 월터 트레버스(Walter Travers, 1548?-1635)와 토마스 스파크(Thomas Sparke, 1548-1616), 고위 행정관이었던 로버트 더들리(Robert Dudley, Earl of Leicester, 1532/1533-1588)와 윌리엄 세실(William Cecil, 1st Baron Burghley, 1520-1598), 프랜시스 월

---

Houlbrooke ed. *James VI and I -Idea, Authority and Government* (Aldershot: Ashgate, 2006), p.63.

52 대관식 선언에 대해서는 Giovanni Carlo Scaramelli, Venetian secretary in England, to the doge and Senate, 28 May 1603, *Calendar of State Papers Venetian*, vol. 10, p.39; Carrier, *James VI and I*, p.54 참조.

싱엄(Francis Walsingham, 1532-1590) 같은 이들이었다. 사실 청교도들이 이런 회의를 제안한 것도 바로 이 램버스 회의를 통해 자신들의 주장이 어느 정도 받아들여진 경험이 있었기 때문이다. 그러나 햄프턴 코트 종교회의에서는 제임스가 회의를 주재하는 사회자이자 자신의 권리를 옹호하는 논쟁자로서 토론의 중심에 서 있었다. 따라서 햄프턴 코트 종교회의에는 이전의 회의와는 비교할 수 없는 특별함이 있었다고 볼 수 있다.

### 햄프턴 코트 종교회의-참석자들

햄프턴 궁전에서 열린 회의는 3일간(1604년 1월 14일 토요일, 1월 16일 월요일, 1월 18일 수요일) 개최되었고, 제임스 본인과 네 개의 다른 그룹 구성원들이 참석하였다.[53] 첫 번째 그룹은 대주교 위트기프트와 8명의 주교였다. 구체적으로는 런던 주교인 리처드 뱅크로프트(Richard Bancroft,1544-1610), 윈체스터(Winchester) 주교인 토마스 빌슨(Thomas Bilson, 1547-1616), 피터버러(Peterborough)의 주교인 토마스 도브(Thomas Dove, 1555-1630), 치체스터(Chichester)의 주교인 안소니 왓슨(Anthony Watson, d. 1605), 워체스터(Worcester)의 주교인 저베이스 배빙톤(Gervase Babington, 1550-1610), 칼라일(Carlisle)의 주교인 헨리 로빈슨(Henry Robinson, 1553-1616), 세인트 데이비스(St. David's)의 주교인 안소니 러드(Anthony Rudd, 1549-1615), 그리고 더럼(Durham)의 주교인 토비 매튜(Tobie Matthew, 1546-1628)이다. 두 번째 그룹은

53 원래 이 회의는 1603년 11월에 열릴 예정이었으나 역병의 발생으로 그 시기가 늦추어졌다.

9명의 부주교(deans)였다. 구체적으로는 체스터(Chester)의 부주교인 윌리엄 발로우(William Barlow, d. 1613), 웨스트민스터(Westminster)의 랜슬롯 앤드루스(Lancelot Andrewes, 1555-1626), 세인트 폴(St. Paul)의 존 오버롤(John Overall, 1560-1619), 왕실 예배당의 제임스 몬태규(James Montague, 1568-1618), 윈체스터의 조지 애보트(George Abbot, 1562-1633), 크라이스 처치(Christ Church)의 토마스 라비스(Thomas Ravis, 1560-1609), 워체스터의 토마스 에즈(Thomas Edes, 1555-1604), 윈저(Windsor)의 자일즈 톰슨(Giles Thomson, 1553-1612), 그리고 솔즈버리(Salisbury)의 존 고든(John Gordon, 1544-1619)이다. 이들 중 솔즈버리의 부주교는 원래 존 브리지스(John Bridges)였으나, 그가 옥스퍼드의 주교로 내정되어 있었기 때문에 고든으로 교체되었다. 세 번째 그룹은 청교도 대표들이었다. 구체적으로는 옥스퍼드 대학교 코퍼스 크리스티 칼리지(Corpus Christi College)의 학장인 존 레이놀즈(John Rainolds or Reynalds, 1549-1607), 캠브리지 대학교 엠마뉴엘 칼리지(Emmanuel College)의 마스터인 로렌스 채더튼(Laurence Chaderton, 1537-1640), 옥스퍼드 막달렌 칼리지(Magdalen College) 출신의 토마스 스파크(Thomas Sparke or Spark, 1548-1616), 캠브리지 세인트 존스 칼리지(Saint John's College) 출신의 존 뉴스텁(John Knewstubs, 1544-1624)이다. 네 번째 그룹은 당시 제임스의 추밀원 의원들로, 제임스의 조언자들이었다. 그 외의 참석자로는 옥스퍼드 대학 출신 성직자인 리처드 필드(Richard Field, 1561-1616), 노팅엄(Nottingham)의 존 킹(John King, 1559-1621), 그리고 스코틀랜드인 성직자였던 패트릭 갤로웨이(Patrick Galloway, 1551-1626)가 있다. 그러나 이들의 역할에 대해서는

아직 확실히 알려진 바가 없다.[54]

### 햄프턴 코트 종교회의-첫째 날

첫째 날 제임스는 자신의 추밀원 의원들과 주교들 그리고 5명의 부주교[55]와 먼저 모임을 가졌다. 그는 이 모임에서 잉글랜드가 "신의 은혜로운 축복"으로 도착한 "약속의 땅"이며 자신은 "정중하고, 학식 있고, 존경할 만한 사람들 가운데 앉아 있다."라고 언급하며 잉글랜드와 참석자들을 추켜세웠다. 또 스코틀랜드는 왕에게 "위엄도, 명예도, 지위도 없는" 곳, "젊은 청년들이 무례하게 도전하는" 곳으로 깎아내렸다.[56] 이는 아마도 스코틀랜드보다 강한 잉글랜드 왕권에 대한, 그리고 스코틀랜드 교회와는 달리 왕을 우두머리로 인정하는 잉글랜드 교회에 대한 왕의 감상이었을 것이다. 이 첫 번째 모임을 통해 제임스는 회의에서 다뤄질 문제에 대한 자신의 입장을 청교도 대표들과 만나기 전에 확정하였다. 이 문제들이란 『공동기도서』(*the Book of Common Prayer*) 속의 견진성사(confirmation), 사죄(absolution), 세례(baptism), 교회 법정에서의 파문(excommunication), 그리고 아일랜드로 보낼 능력 있는 성직자의 충원 등에 관한 것이었다.

---

54 Cromartie, "King James and the Hampton Court Conference," p.64; Patrick Collinson, *The Elizabethan Puritan Movement* (London: Jonathan Cape Ltd, 1967), pp.455-459, 463.

55 왕실 예배당의 몬태규와 웨스트민스터의 앤드루스, 세인트 폴의 오버롤과 체스터의 애보트 그리고 솔즈버리의 고든까지 5명이었다.

56 Laurence M. Vance, *King James, His Bible, and its Translators* (Orlando: Vance Publications, 2006), p.18.

그에 비해 청교도 대표자들은 자신들의 입장을 논의할 기회를 갖지 못했을 뿐 아니라, 그들 각자의 성향도 일치하지 않았다. 햄프턴 코트 종교회의의 공식 보고서(*The Summe and Substance of the Conference, which, it pleased his Excellent Maiestie to have with the Lords, Bishops, and other of his Clergie, (at which the most of the Lordes of the Councell were present in his Maiesties Privy-Chamber, at Hampton Court*, 1603)를 작성한 윌리엄 발로우는 그들을 '천 명의 고소인들(plaintiffs)을 위한 대리인'이라고 불렀지만, 정작 그들은 궁중에서 지명한 인물들로, 청교도의 주장을 제대로 대변하지 못했다. 게다가 그들은 회의 기간 중 친분이 있는 주교들과 만나기도 했다. 레이놀즈는 당시 대주교였던 위트기프트와 친밀한 관계였고, 칼라일의 주교 로빈슨과는 옥스퍼드 대학의 동료이자 친한 친구 사이였다. 또 스파크는 국교로 개종한 뒤 오히려 주교제를 청원했던 인물이었다. 그는 "Puritanism이라는 불쾌한 이름을 영원히 불태우고" 싶다고 말하기도 했다. 사실 지극히 중도적이었던 이 두 사람의 입장은 오히려 반대 진영인 주교들과 유사한 부분도 있었다.

그럼에도 불구하고 청교도 대표들이 공통적으로 원하는 것은 분명했다. 그들의 요구는 11개 카운티(county)와 4개의 도시에서 뽑힌 30명의 청교도 성직자들[57]이 이 회의에 참석할 대표들을 위해 마련

57 그들 중 대표적인 인물들로는 노샘프턴(Northampton)의 에드먼드 스내프(Edmund Snape, 1576-1608), 켄트(Kent)의 조시아스 니콜스(Josias Nicholls, 1555?-1639), 천인 청원의 주모자였던 아서 힐더셤(Arthur Hildersham, 1563-1632), 런던 대표였던 토마스 윌콕스(Thomas Wilcox, 1549-1608), 스테판 이거튼(Stephen Egerton, 1555-1621) 그리고 헨리 제이콥스(Henry Jacobs, 1563-1624)를 들 수 있겠다.

한 10개의 사항을 근거로 한 것이었는데, 그 내용 대부분은 잉글랜드 국교회 내의 불법적인 예식들에 대한 비난과 수정에 관한 것이었다. 이는 천인청원에서도 이미 다루어졌던 문제들이었다.[58]

### 햄프턴 코트 종교회의-둘째 날

회의 둘째 날에는 청교도 대표들, 런던 주교 뱅크로프트와 윈체스터의 주교 빌슨 그리고 왕과 부주교들이 한자리에 모였다. 이 자리에서 청교도 대표들은 모든 잉글랜드인이 잘 교육받은 성직자들에게 수준 높은 설교를 들을 수 있도록 성직을 개혁할 것, 39개 조항(39 Articles of Religion)[59]의 개정을 통해 교리를 정화할 것, 여전히 가톨릭적인 요소가 남아 있는 공동기도서를 수정할 것, 성직 겸임이나 비거주 성직자 문제 등의 해결을 위해 교회 관리체제를 개혁할 것, 새로운 성서 번역에 착수할 것 등과 같은 온건한 개혁안들을 제안했다. 생각은 달랐지만, 제임스 역시 유화적인 자세로 그들의 주장에 귀를 기울였다. 물론 제임스의 이런 태도는 상당히 이중적인 것이었다.

청교도에 대한 제임스의 이중적 태도는 세례에 관한 문제에서 가

58 Stephen Egerton, 30 November 1603, British Library Sloan MS 271. f. 23v: Cromartie, "King James and the Hampton Court Conference," pp.64, 69; Collinson, "The Jacobean Settlement: The Hampton Court Conference," pp.37-39; Fincham and Lake, "The Ecclesiastical Policy of King James Ⅰ," pp.171-182.

59 에드워드 6세 시기 캔터베리 대주교였던 토마스 크랜머(Thomas Cranmer, 1489-1559)와 런던의 주교 니콜라스 리들리(Nicholas Ridley, 1500-1555) 같은 개혁가들이 잉글랜드 국교회의 교리를 명시한 42개 신앙 조항(42 Articles of Religion)을 만들었는데, 이것이 엘리자베스 여왕 시기에 수정되어 39개 신앙 조항이 되었다. 그러나 엘리자베스가 가톨릭과 신교 모두를 만족시키려는 중도 정책을 실시함으로써 가톨릭적 요소가 많이 포함되게 되었다.

장 잘 드러났다. 제임스는 속인에 의한 세례, 특히 여성들이 죽어가는 아기에게 세례를 베푸는 것을 허용하는 것은 완전히 잘못된 관행이라는 청교도들의 주장에 동의하였다.[60] 그러나 이것은 국교도들의 의견과는 다른 것이었고, 무엇보다도 스코틀랜드에서 그가 주장했던 정책과도 다른 것이었다. 즉 죽어 가는 아이에 대한 개인적인 세례는 허용해야 한다는 것이 제임스의 기존 입장이었는데, 햄프턴 코트 종교회의 때는 이를 뒤집고 청교도들의 의견에 동조했던 것이다. 이런 태도에 대해 왕의 개인 예배당 수석 사제인 제임스 몬태규(James Montague)는 다음과 같이 논평하기도 했다. "왕이 그날 청교도를 훌륭하게 연기했다."[61] 이는 제임스가 더 많은 청교도의 충성과 지지를 확보하기 위해 햄프턴 코트 종교회의를 정치적으로 이용했음을 드러내는 좋은 예가 될 것이다. 사실 이후에도 제임스는 자신의 결정을 번복해 가며 개인적인 세례를 허용했고, 스코틀랜드에서는 허용을 넘어 이를 강요하기도 했다.

또한 청교도 대표였던 레이놀즈가 중요하게 언급했던 예정설 문제에 대해서도 왕은 비슷한 태도를 취했다. 레이놀즈가 "정당화된 믿음 그리고 성령에 의해 축성된 것은 무효로 할 수 없고, 잘라 버릴 수도 없으며, 전체적으로(totally) 혹은 마침내(finally) 선택된 사람에게 나타나지 않게 할 수도 없다."라는 말로 예정설을 옹호하자, 제임스도 "선택은 어떤 사람의 특징이나 행동, 업적에 의존하지 않는다.

---

60 Henry Jacob, *A Christmas and Modest Offer of a most Indifferent Conference* (London: William Jones' secret press, 1606), p.29.

61 Barlow, *Summe and Substance of the Conference*, p.15; Alan Cromartie, "King James and the Hampton Court Conference," pp.71-73.

그것은 바꿀 수 없는 것이다."[62]라는 말로 화답했다. 그러나 이와 더불어 "신민들에 대한 기본적인 교화에서 오래되고, 정교하고, 깊숙하고, 복잡한 문제들은 피하라."라고 요구했다.[63] 이것 역시 제임스가 예정설 문제를 명확하게 언급하여 종교적 분란을 일으키고 싶지 않았다는 것, 나아가 이 문제를 모호하게 처리함으로써 청교도들의 지지를 받고 싶어 했다는 것을 잘 보여주는 사례라 할 수 있을 것이다. 이러한 태도는 그에게 이 회의가 종교 문제라기보다는 정치 문제에 관한 것이었음을 드러내는 증거가 될 수도 있을 것이다.

그러나 청교도 대표였던 레이놀즈가 세례식을 비롯한 예식 규정과 의복 문제 등의 개혁안을 차례로 언급하다가 "주교(Bishop)는 장로(Presbyteri)와 함께 이 모든 문제를 결정해야 할 것"이라고 이야기하는 순간 제임스의 태도는 완전히 바뀌었다.[64] 왕은 청교도들의 개혁 목표가 잉글랜드 교회의 가톨릭적 요소 제거에 있는 것이 아니라, 완전한 장로교 체제의 확립에 있다고 생각하며 다음과 같이 부르짖었다.

> 장로와 군주 사이는 마치 신과 악마처럼 어울린다. …… 만약 그들이 옳다면 무엇이 나의 권리가 될 것인지 알고 있다. …… 주교가 없다면 왕도 없다(No Bishop, No King). …… 그것이 너희가 말하

62 Barlow, *Summe and Substance of the Conference*, p.42-43.
63 Barlow, *Summe and substance of the Conference*, p.44.
64 Barlow, *Summe and Substance of the Conference*, pp.3-6, 43-48, 51-57, 66-67, 74-83, 96-103; Robert Ashton, *James I, By His Contemporaries* (London: Hutchinson & Co, 1969), p.176-186.

는 모든 것이라면, 나는 너희가 국교를 따르게 하거나, 너희를 이 땅에서 몰아내거나 더 나빠지게 만들 것이다.[65]

그 후 제임스는 레이놀즈의 주장을 충분히 이해하지만, 그것은 스코틀랜드 장로교에나 적합한 것이라고 비난하면서 자신은 이미 스코틀랜드 장로교의 악영향을 충분히 맛보았다고 덧붙였다.[66] 왕의 이 격렬한 반응이 무의식적인 것에서 나온 것인지 아니면 의도된 계획의 일부였는지에 대해서는 학자들의 의견이 갈린다. 하지만 스코틀랜드에서 오랫동안 축적되었을 장로교에 대한 제임스의 반감을 잘 드러낸 사례임은 분명하다.[67]

### 마지막 날-결과

마지막 날에는 햄프턴 코트 회의 참석 대상자들뿐 아니라 일부 기사들(knights)과 백성들, 그리고 교회법 전문가들까지 회의에 참석했다. 연설을 통해 제임스는 성직 겸임을 제한할 것, 속인들에 의한 세례를 폐지할 것, 새로운 교리 문답집을 만들고 공동기도서의 잘못을 수정할 것, 그리고 새로운 성서의 번역에 착수할 것 등과 같은 청교

---

65 Barlow, *Summe and Substance of the Conference*, pp.3-6, 43-48, 51-57, 66-67, 74-83, 96-103; Ashton, *James Ⅰ, By His Contemporaries*, pp.176-186.

66 F. Shriver, "Hampton Court Revisited: James Ⅰ and the Puritans," *Journal of Ecclesiastical History* 33 (1982); Carrier, *James VI and Ⅰ*, p.56.

67 발로우는 그의 저서 *Summe and Substance of the Conference*에서 제임스가 레이놀즈의 의견을 오해한 것이라고 주장했다. 그러나 콜린슨은 그의 논문 "The Jacobean Settlement: The Hampton Court Conference"에서 이와는 다른 의견을 표명했다. 청교도 대표들이 자신들의 주장을 포기하게 만들기 위해 레이놀즈가 의도적으로 이런 발언을 했고, 제임스가 이에 반응했다는 것이다.

도들의 요청을 받아들이고 개혁을 약속했다. 그중 성직 개혁을 통해 성직자들의 학문적 자격과 일반적 자격에 현저한 개선이 이루어졌고, 제임스 사후에는 대학 경험 없이 성직에 들어오는 사람이 거의 없을 정도가 되었다. "잉글랜드 교회의 성직자들은 세상에서 가장 학식 있는 사람들이 되어 갔다."라는 17세기 후반 어느 작가의 언급은 바로 이를 근거로 한 것이었다.[68] 1611년 출간된 흠정역 성서 역시 이 회의의 대표적 결과물 중 하나라고 할 수 있다. 햄프턴 코트 종교회의에 참석했던 인물 대부분이 이 성서의 번역에 참여한 것도 같은 맥락에서 이해할 수 있다.[69]

그렇지만 제임스가 약속한 개혁 대부분은 제대로 시행되지 않았다. 개정된 공동기도서의 경우도 1559년 엘리자베스 시기의 공동기도서를 기본으로 한 것이었고, 1552년 에드워드 6세 시기의 『제2 기도서』(*The Second Prayer Book*)와 같은 커다란 개정은 아니어서 청교도들의 요구에 부응했다고 보기에는 부족한 점이 많았다.

햄프턴 코트 종교회의가 끝난 후 오래지 않아 잉글랜드 주교 회의가 개최되었는데, 여기서 141개 조항의 새로운 법령(the Canons of 1604)이 통과되었다. 이 중 제36조는 위트기프트 3개 조항(Three Articles, 1583)을 구체화한 것이었다.[70] 이 회의 이후 캔터베리 대주교

---

68 *A Century of Sermons … by John Hacket*, p.xii; Collinson, "The Jacobean Settlement: The Hampton Court Conference," p.50.

69 주교로는 리처드 뱅크로프트와 토마스 빌슨이, 부주교로는 윌리엄 발로우와 랜슬롯 앤드루스, 존 오버롤, 제임스 몬태규, 조지 애보트, 토마스 자비스, 토마스 에즈, 자일즈 톰슨이 참여했다. 또 청교도 중에는 존 레이놀즈와 로렌스 체더튼이 참여했다.

70 여기에는 여왕이 그녀의 왕국 내에서 태어난 모든 사람을 지배할 권리를 가지고 있다는 내용과, 공동기도서와 성직자들의 명령은 신의 말씀에 위배되지 않는다는 내용이 포함되어 있다. 이는 청교도들을 공격하기 위해 만들어진 것으로, 3개 조항 중 하나라도 거부하면 성직

로 임명된 뱅크로프트와 나머지 주교들은 이 법령을 토대로 잉글랜드 교회의 정책과 관습을 그대로 따르라고 청교도들에게 요구했다. 그 결과 많은 중도적인 청교도 성직자들이 이 법을 받아들였지만, 이에 동의하지 않은 75명 내외의 성직자들은 성직록을 잃게 되었다.[71]

햄프턴 코트 종교회의는 스코틀랜드에서 시작된 왕과 장로교 간의 관계가 잉글랜드인들에게 어떤 영향을 끼쳤는지를 보여주는 좋은 예이지만, 제임스가 종교 정책에서 가장 중요하게 여겼던 것이 무엇이었는지를 보여주는 좋은 예이기도 하다. 또한 회의 마지막 날 개진되었던 제임스의 주장("주교들이 결정하고 성직자들은 복종해야 한다.")은 주교제에 대한 청교도들의 반대를 무력화하는 일에, 또 주교를 통해 왕이 교회를 지배하는 잉글랜드 국교로의 종교적 통합을 이루어 내는 일에 그가 얼마나 큰 관심을 갖고 있었는지를 잘 보여준다.[72] 제임스는 이후에도 하원에서의 연설을 통해 "왕은 세속적으로뿐만 아니라 영적·교회적인 측면에서도 잉글랜드·스코틀랜드·아일랜드에서, 또 그의 모든 영토와 나라에서 신 아래 최고 권력을 가진다."라고 말한 바 있는데, 이는 그가 원한 것이 예배 의식의 통일이 아니라 충성과 복종이었음을 반복한 것이나 다름없다. 그렇다면 이에 앞서 개최되었던 햄프턴 코트 종교회의는 이러한 자신의 정치적 입장을 공개적으로 표명할 단초가 되었을 것이다.[73] 결과적으로 제임스에게

---

자는 자신의 생계를 잃게 된다.

71 S. J. Huston은 그의 저서 *James I* (New York: Longman, 1995)에서 당시 성직을 박탈당한 성직자가 73명 - 83명 정도였을 것으로 추정하고 있다.

72 Barlow, *Summe and Substance of the Conference*, pp.3-6, 43-48, 51-57, 66-67, 74-83, 96-103; Ashton, *James I, By His Contemporaries*, pp.176-186.

73 Kenyon, *The Stuart Constitution, Documents and Commentary*, p.137.

햄프턴 코트 종교회의는 청교도를 중도파와 급진파로 나누는 계기가 되었다. 회의 결과 제임스의 정책을 받아들인 중도적인 청교도들은 잉글랜드 국교에 포섭되었지만, 좀 더 급진적인 청교도들은 박해를 받거나 해외로 망명을 떠났다. 햄프턴 코트 종교회의는 금방 끝이 났지만, 이 회의에서 제시된 안들을 토대로 한 개혁은 제임스와 의회의 지원 아래 이후 10년 이상 지속되었다.

제3절

# 안식일과 예정설 문제

### 광범위한 잉글랜드 교회

햄프턴 코트 종교회의 이후 제임스는 국교도, 가톨릭, 청교도 온건파 등을 모두 포함하는 아주 광범위한 잉글랜드 교회를 만들려고 노력했다. 그 결과 다양한 종파의 사람들이 교회나 정부의 고위직에 오를 수 있었다. 뱅크로프트 이후 캔터베리 대주교로 임명된 조지 애보트(George Abbot, 1562-1633), 요크 대주교(Archbishop of York, 1606-1628)였던 토비 매튜, 런던의 주교(1611-1621) 존 킹(John King), 칼라일의 주교(1598-1616) 로버트 베넷(Robert Bennett) 등 제임스가 임명한 주교 대부분은 칼뱅주의자들이었다. 그러나 윈체스터의 주교 랜슬롯 앤드루스나 더럼(Durham)의 주교 리처드 닐(Richard Neile, 1562-1640) 같은 이들은 칼뱅주의자가 아니었다. 제임스는 새로운 성서 번역을 위해서도 신학적으로 융통성 있는 팀을 만들려고 노력했다. 그 결과 다양한 종교적 성향을 지닌 인물들이 이 작업에 참여하였다.[74]

74 Croft, *King James*, p.159.

흠정역 성서 출판 작업에 참여한 54명의 번역가 중 토마스 라비스(Thomas Ravis, 1560-1609)나 사무엘 워드(Samuel Ward, 1577-1639) 같은 이들은 독실한 칼뱅주의자였고, 존 오버롤(John Overall, 1559-1619)이나 리처드 톰슨(Richard Thompson, d. 1613) 같은 이들은 반(反)칼뱅주의자였다. 또 앞서 언급되었던 것처럼 햄프턴 코트에서 청교도를 대표했던 로렌스 체더튼과 존 레이놀즈도 이 작업에 투입되었다.[75] 햄프턴 코트 이후 시행된 왕의 청교도 정책 역시 이러한 조화를 깨트리지 않는 방향으로 시도되었다. 안식일 공방이나 예정설과 관계된 문제 등도 이런 방향하에서 진행된 것이었다.

### 안식일 공방

앞서 언급한 것처럼 제임스 시대의 잉글랜드 교회는—중요한 소수 교리를 제외하고는—다양한 신학적 견해를 수용하려고 노력했다. 이런 타협을 위해 제임스 자신의 종교적 입장 역시 어느 한쪽으로 치우치지 않고 중도적으로 표현되었다. 그러나 이런 잉글랜드 교회 내에서도 신학적인 불화는 여전히 존재했다. 예를 들어 보자. 제임스 시대에 온건한 청교도들은 잉글랜드 교회 내에서 안정적인 생활을 유지했다. 하지만 그들에게도 여전히 받아들이기 힘든 부분이 있었다.[76] 반칼뱅주의자들이 전통적인 스포츠와 지역 사회 활동에 덜 까다로웠던 반면, 자신들을 '독실한 사람들'로 인식했던 청교

75 Fincham and Lake, "The Ecclesiastical Policies of James Ⅰ and Charles Ⅰ," p.31.
76 Collinson, *The Religion of Protestant* (Oxford: Oxford University Press, 1982), passim; Coffey, *Persecution and Toleration,* p.112.

도들은 그렇지 않았기 때문이다.[77] 1617년 랭커셔(Lancashire)의 청교도 치안판사(Justice of the Peace)들이 모리스 댄스(Morris dance)와 같은 춤, 교회의 술잔치들(church ales), 활쏘기(archery), 높이뛰기(leaping), 멀리뛰기(vaulting) 등과 같은 일요일 오락(Sunday sports)을 금지하자 다른 신민들의 불만이 야기되었고, 이는 스코틀랜드에서 돌아오던 제임스의 귀에도 들어가게 되었다. 사실 이 문제는 엘리자베스 시대부터 의회에서 끊임없이 논의되던 안식일(Sabbath) 공방과 관련된 것이었다. 극단적인 청교도들은 일요일 날 교회에 다녀오는 것을 제외한 모든 신체활동을 금해야 한다고 주장하기도 했다.[78] 이는 그들이 오락을 '휴식(rest)'이 아니라 '노동(labour)'으로 생각했기 때문이다.[79]

그렇지만 제임스는 자신의 저서 『바실리콘 도론』에서 우정과 용기를 위해 안식일에 행해지는 모든 정직한 게임들과 활쏘기 같은 공적인 구경거리는 사람들에게 즐거움을 주는 것이라며 권장했다.[80] 또 1618년 5월에 출간된 『스포츠의 書』(*the Book of Sports*)에서는 일요일 오후의 오락을 금지하는 청교도들의 처사가 옳지 않음을 지적한 후, 신민들에게 합법적인 오락을 허가하였다. 그는 이를 어기는 사람은 국외로 추방할 것임을 함께 공표하며 이 내용을 교회에서 낭독하도록 명령했다. 청교도들에게는 '독실한 사람들'을 억압하고 '무

---

77 Lake의 "A charitable Christian hatred: the godly and the enemies in the 1630's" in *The Culture of English Puritanism, 1560-1700,* eds. C. Durston and J. Eales (London: Palgrave Macmillan, 1996)을 참조할 것.

78 설혜심, 「『스포츠의 書』를 통해 본 근대 영국의 레저」, 『영국연구』 2 (1998), p.25.

79 White, *A Treaties of the Sabbath-day* (1635), p.234; 설혜심, 「『스포츠의 書』를 통해 본 근대 영국의 레저」, p.25.

80 King James, *Basilikon Doron,* pp.120-130; Sommerville, *King James VI & I - Political Writings*, pp.55-59.

질서한 사람들'을 지원하는 것으로 인식될 수밖에 없는 조치였다.[81] 당시 청교도들은 지방의 치안 판사직을 통해 지역 공동체의 사법권을 담당하고 있었고, 이를 통해 일반 신민들의 신앙심을 고취하는 등 영향력을 행사해 왔다. 그러나 제임스는 이러한 청교도들의 영향력을 제한해 종교적인 문제에서 본인의 지배력을 과시하려 했다.

### 예정설과 아르미니우스주의

그런데 이보다 더 큰 불화는 예정설에 대한 문제에서 발생했다. 청교도는 자신이 신의 선택을 받았다는 확신을 아주 소중하게 여겼다.[82] 이와 관련하여 청교도들은 칼뱅의 입장을 적극 지지했는데, 그에 따르면 '선택'은 하나님의 주권적 의지에 따라 결정되는 것이며, 거부할 수도 바꿀 수도 없는 것이었다. 반면 아르미니우스주의자(Arminian) 혹은 로드주의자(Laudian)라 불린 반칼뱅주의자들은 신의 선택이 자유의지를 지닌 인간의 타락 때문에 제한될 수 있다고 주장했다.[83] 제임스는 이런 불일치가 가능하다고 생각했다. 그는 이것이 무질서하고 부적당한 논쟁으로 변질되지 않는 한, 또 다른 입장들이 그의 정치적 입장을 위협하지 않는 한 다양한 견해를 허용하려 하였다.[84] 그러나 아르미니우스주의는 국내외적으로 많은 논쟁을 불러일으켰고, 시간이 흐르면서 또 다른 문제들과 얽히기 시작했다. 아르

---

81 J. R. Tanner, *Constitutional Documents of the Reign of James Ⅰ, 1603-1625 with an Historical Commentary* (Cambridge: Cambridge University Press, 1930), pp.54-56; Carrier, *James VI and Ⅰ*, p.70.

82 Croft, *King James*, p.160.

83 나종일, 송규범, 『영국의 역사』 상, 파주: 한울, 2005, p.357.

84 Fincham and Lake,"The Ecclesiastical Policies of James Ⅰ and Charles Ⅰ," p.30.

미니우스주의자들이 좀 더 자유롭고 관대한 교회, 또 국가의 감독을 받는 교회를 원하는 쪽으로 나아갔기 때문이다. 청교도들은 제임스가 특히 후자의 이유로 아르미니우스주의에 경도될 수 있다고 봤다.

이러한 청교도들의 우려는 1618년에 30년 전쟁이 발발했을 때 더욱 커졌다. 당시 하원 다수를 차지했던 청교도들은 신교를 대표해 참전하라고 제임스를 압박했다. 그들에게 이 전쟁은 개신교와 가톨릭 사이의 계시록적인 싸움이었다.[85] 하지만 그러면서도 전쟁에 필요한 자금을 조달하는 데는 인색하게 굴었다. 반면 유럽 내 신교와 가톨릭을 아우르는 종교적 중재자를 꿈꾸었던 제임스는 찰스 왕자와 스페인 공주의 결혼 협상으로 이 문제를 해결하려 했다.[86] 이 결혼이 성사되면 스페인 국왕이 전쟁에 반대할 것이라는 게 그의 복심이었다. 이런 상황에서 제임스는 리처드 닐이나 리처드 몬태규(Richard Montagu, 1577-1641)와 같은 아르미니우스주의자들을 가까이 했다.[87] 또 이들과 같은 성향을 가진 랜슬롯 앤드루스, 존 버크리지(John Buckeridge, 1562-1631), 존 오버롤 같은 이들을 주교로 승진시켰다. 청교도들로서는 그간의 걱정이 마침내 현실화된 것 같은 생각이 들었을 것이다. 하지만 제임스가 아르미니우스주의에 완전히 동의한 것으로 보기는 어렵다. 그는 자신과 종교적 입장이 다른 집단이 있어도—그들이 자신의 정치적 입장을 위협하는 경우가 아니라면—탄압은 가급적 피하려고 했다. 따라서 하원에서 청교도의 숫자가 늘

85 Kenneth Fincham, *The Early Stuart Church, 1603-1642* (London: Macmillan, 1993), pp.33-36.
86 Fincham and Lake, "The Ecclesiastical Policies of James Ⅰ and Charles Ⅰ," p.34.
87 Coffey, *Persecution and Toleration,* p.125.

어나고, 그들의 세력이 자신의 외교정책을 간섭할 정도로 강해지자, 청교도를 견제할 대안 세력으로 아르미니우스주의를 이용했다고 볼 수 있다. 제임스가 원하는 교회는 광범위하고 조화로운 교회였기에, 교회 내 파벌 간의 균형 유지는 매우 중요한 사안이었다.

햄프턴 코트 종교회의 이후 제임스가 만들려고 했던 광범위한 잉글랜드 교회는 모든 종파를 포용할 수 있어야 했기에, 종교적으로 예민한 문제가 발생하면 모호하게 처리할 수밖에 없었다. 이것은 신교의 대표자이자 중재자가 되고 싶었던 제임스의 야망과도 관계가 있었다. 그러나 이 모호함이 종종 종교적 문제를 일으켰다. 잉글랜드 교회가 칼뱅의 신조를 기본으로 하는 프로테스탄트 교회이고, 형식적인 측면에서만 자신들의 이상과 조금 다를 뿐이라고 생각했던 잉글랜드 중도파 청교도들에게 아르미니우스주의에 경도된 듯한 국왕의 태도는 실로 심각한 문제였을 것이다.

### 도르트 종교회의(Synod of Dort)

청교도들의 의심이 커지자 제임스는 야곱 아르미니우스(Jacob Arminius, 1560-1609)를 따르는 신학자들의 주장을 논의하기 위해 개최된 종교회의를 이용하려 했다. 당시 라이덴 대학교(Leiden University)의 프란시스 고마루스(Francis Gomarus, 1653-1641) 같은 칼뱅주의 교수들은 칼뱅주의 예정설을 거부하는 사이먼 에피스코피우스(Simon Episcopius, 1583-1643) 같은 아르미니우스주의자들을 대학에서 축출하려 하였고, 이로 인해 궁지에 몰린 아르미니우스주의자들은 자신들을 지지하는 목사들의 서명이 담긴 '항의서

(Remonstrance)'를 네덜란드 의회에 제출(1610년)하였다.[88] 이 항의서에는 (1) 신은 개인의 신앙과 불신앙에 근거하여 구원한다, (2) 그리스도는 믿는 자들만이 아니라 모든 인류를 위해 죽었다, (3) 믿음과 선행에도 신의 은혜가 필요하다, (4) 신의 은혜도 거절될 수 있다, (5) 신의 구원도 인간의 나태나 게으름으로 상실될 수 있는 불확실한 것이라는 주장이 담겨 있었다. 그러자 이듬해에는 칼뱅주의자들이 '반항의서(Contra-Remonstrance)'를 의회에 제출하며 국교인 칼뱅주의 교리를 지지해 달라고 요청했다. 도르트 종교회의(Synod of Dort, 1618-1619)는 바로 이 문제를 해결하기 위해 소집된 것이었다.

자신의 모호한 입장이 종교적 통합을 위협할 수도 있겠다는 생각이 든 제임스는 이 종교회의를 통해 자신의 입장을 명확히 밝히려 했다. 그는 이 회의에 자신의 대변인들을 참석시켰고, 그들에게 칼뱅주의의 근거들을 전폭적으로 지지하라고 지시했다. 자신의 종교적 입장이 칼뱅주의에 있음을 분명히 밝힘으로써 종교적인 평화를 유지하려 했던 것이다.[89] 이 회의는 1618년 11월 13일 네덜란드 도르트(Dort, Dortrecht)에서 개최되었는데, 참석자들은 1619년 5월 9일까지 약 7개월간 154번의 모임을 가졌다. 8개국의 개혁 교회 대표들이 초청되었고, 제임스도 영국(British) 대표단을 파견하였다. 그런데 이 대표단의 구성, 그리고 그들에게 내려진 지시는 모두 제임스

88 덕분에 그들은 Remonstrants(항의자들)로 불렸다. 도르트 종교회의는 그들의 주장을 정죄(定罪)할 기회가 되었다. 당시 네덜란드의 지배자는 칼뱅주의를 신봉했고, 그들의 국교 역시 마찬가지였다.

89 1615년 옥스퍼드 대학교에서 애보트와 반칼뱅주의자인 존 호손(John Howson) 사이에 논쟁이 벌어졌을 때 왕이 대놓고 애보트를 지지했던 것도 같은 맥락으로 이해할 수 있다.

에 의해 세심하게 고려된 것이었다. 대표단 구성원들 중 존 데브넌트(John Davenant, 1571-1642), 조셉 홀(Joseph Hall, 1574-1656), 사무엘 워드(Samuel Ward)는 케임브리지 출신의 박식한 인물들로, 모두 제임스 본인이 직접 뽑았다. 그리고 영국 대표단의 대표는 당시 캔터베리 대주교 조지 애보트가 선택한 옥스퍼드 출신의 란다프 주교 조지 칼튼(Bishop of Llandaff, George Carleton, 1559-1628)이었다.[90] 이들에게 영국 대표단이라는 이름이 붙기는 했지만, 스코틀랜드 출신으로 잉글랜드에 더 오래 거주했던 왕의 측근 월터 발칸퀄(Walter Balcanquhal, 1586?-1645)을 제외하면 모두 잉글랜드인들로 구성되었다.[91] 따라서 이들은 잉글랜드 국교회의 칼뱅주의적 입장을 잘 설명할 수 있는 사람들이었다.

영국 대표단은 도르트로 떠나기 전에 뉴마켓(Newmarket)에서 제임스를 다시 만나 회의에서 다뤄질 모든 주제를 미리 논의했다. 그들은 능숙한 논쟁을 위해 라틴어로 이야기를 나누었고, 그들이 이야기할 내용이 성서와 잉글랜드 교회의 교리에 위배되지 않도록 세심하게 조정했다.[92] 제임스는 예정설은 지지하되, 주장을 너무 명확하게 드러내서는 안 된다는 점을 강조했고, 또 너무 완고하거나 비판적인 언급도 자제할 것을 주문했다. 네덜란드에 도착한 대표단은 왕의 지시에 따라 신중하게 행동했다. 그들은 '칼뱅주의'의 옹호자라

90 Patterson, *King James VI& I and the Reunion of Christendom*, p.264.

91 McCafferty, "The Churches and Peoples of the Three Kingdoms," p.62. 발칸퀄은 Cambridge Pembroke College의 펠로우였다.

92 Thomas Fuller, *The Church-History of Britain* (London: John Williams, 1655), Bk. X, p.78; Patterson, *King James VI& I* , pp.264-265.

는 입장보다는 잉글랜드 교회와 왕의 대리인이라는 입장을 더 중요하게 생각했다.[93] 그들은 또 동맹국인 네덜란드의 통합과 안정을 염원했다.

이 종교회의는 네덜란드 교회와 그곳 성직자들의 주장에 따라 아르미니우스주의적 입장을 거부하는 것으로 결론이 났고, 신의 무조건적인 선택과 저항할 수 없는 은총 등과 같은 칼뱅주의 요점 다섯 가지를 정리한 도르트 신조(the Canons of Dort, The Decision of the Synod of Dort on the Five Main Points of Doctrine in Dispute in the Netherland)가 발표되었다.[94] 제임스의 입장에서 보면 이 종교회의는 자신과 잉글랜드 교회가 칼뱅의 교리를 충실히 따르고 있음을 보여주기 위한 하나의 무대였다. 그는 이 기회를 통해 국왕의 종교적 성향에 대한 청교도들의 의심을 불식시키고자 했다. 제임스가 잉글랜드 교회의 내부 분열을 막기 위해 이 회의를 이용했다는 사실은 "종교개혁 이후 생긴 균열을 막기 위해"라는 피터 영(Peter Young)의 편지 구절에 잘 드러나 있다.[95] 제임스는 잉글랜드의 대표적인 두 대학에서 잉글랜드 교회의 교리를 단련한 이들을 대표로 선정했고, 이들이 자신의 의도대로 행동하게 만들었다. 이를 통해 제임스는 자신의 종교적 입장을 국내외에 널리 알릴 수 있었다.

---

93 Peter White, "The via media in the early Stuart Churches" in *The Early Stuart Church, 1603-1642*, ed. Kenneth Fincham (London, Macmillan, 1993), p.224.

94 도르트 신조 5개 조항은 다음과 같다. 1. 인간의 전적 타락(Total depravity), 2. 무조건적 선택(Unconditional election), 3. 제한된 속죄(Limited atonement), 4. 불가항력적 은혜(Irresistible grace), 5. 성도의 견인(Perseverance of the saints).

95 Patterson, *King James VI& I and the Reunion of Christendom*, p.290.

## 종교적 통합과 왕권

제임스의 통치 후반기로 갈수록 청교도들에 대한 제임스의 의도적 모호함은 사라졌다. 30년 전쟁 발발 이후 가톨릭과의 관계 개선을 통해 전쟁을 멈추려 했던 제임스는 가톨릭에 대해 점점 더 호의적인 태도를 취했다. 아울러 1622년에는 왕의 정책에 대한 비판을 금지하기 위해 『설교자들에 대한 지시들』(*Directions to preachers*)을 발표하여 청교도 설교자들을 긴장시켰다. 그러나 이런 조치가 청교도와의 새로운 논쟁으로 비화하지는 않았다.

하지만 1624년에 리처드 몬테규[96]가 쓴 『늙은 거위에 대한 새로운 개그』(*A New Gag for an old goose*, 원제 *A Gag for the New Gospel? No, A New Gag for an old goose*)의 출판을 그가 허락하면서 왕과 청교도 사이에 새로운 문제가 불거졌다.[97] 이 책은 잉글랜드의 가톨릭 신학자 매튜 켈리슨(Matthew Kellison, 1560-1642)이 잉글랜드 국교회의 주장을 공격하는 『새로운 복음을 위한 개그』(*A Gag for the New Gospel*)를 출판하자, 이에 대한 반격으로 출판된 것이었다.[98] 켈리슨은 그의 저서에서 잉글랜드 교회는 칼뱅주의자 혹은 청교도들의 것이 되었다고 주장하면서 잉글랜드 국교의 정체성에 대한 비판을 피부었다. 이에 대해 몬태규는 잉글랜드 교회는 칼뱅주의자의 것도 청교도의 것도 아니며, 잉글랜드 교회에서 그들은 소수에 불과하다고 맞받아쳤

96 리처드 몬태규(Richard Montagu, 1577-1641)는 캠브리지 대학교 출신의 고위성직자로 왕실 예배당에서 예배를 주관하기도 했다.

97 Seel, *Regicide and Republic*, p.23.

98 여기에 등장하는 잉글랜드 교회의 주장들이 바로 'Gag'라는 것이다.

다.[99] 그런데 청교도에게는 이런 몬태규의 주장이 자신들을 비난하고 칼뱅의 예정설을 공격하는 것으로 여겨졌다. 당시 몬태규는 왕실 예배당을 맡고 있는 성직자이자 윈저(Windsor)의 참사회원이었던 만큼, 청교도들은 이러한 몬태규의 입장이 왕의 입장을 대변한 것은 아닌지 의심했다.[100] 또 그들은 예정설을 비판하는 몬태규의 시각이 아르니미우스주의에 경도되어 있다는 의심을 품고 있었다. 아르미니우스주의는 칼뱅의 예정설에 대한 거부나 자유의지에 대한 강조로 '오직 은총(Sola Gratia)'이라는 종교개혁의 원칙을 침해했으며, 그들의 가톨릭적인 예식은 그들이 교회 내부에 숨은 비밀 가톨릭교도(crypto-popery)라는 생각이 들게 만들었기에 우려는 커질 수밖에 없었다.[101] 결국 청교도들은 몬태규를 의회에 고발(1624년)하였고, 이러한 내용이 담긴 서적의 출판을 허가한 왕에게 비난을 퍼부었다.[102] 이런 상황에서도 제임스는 "만약 이것이 가톨릭의 교리라면 나는 가톨릭 옹호자다."라는 말로 자신의 행동을 정당화하였지만,[103] 결국 몬태규에게 책 내용을 재검토하여 수정하라고 지시했다. 그러나 몬태규는 또 다른 저서 『카이사르에 대한 호소』(*Appello Caesarem*, 원제 *Appello Caesarem: A just Appeale from two unjust informer*)를 집필해 칼뱅주의자들의 주장을 재차 반박했고, 제임스는 다시 이 책의 출판을

99 Diana Newton, *Papists, Protestants and Puritans, 1559-1714* (Cambridge: Cambridge University Press, 1998), p.33.
100 Fincham and Lake, "The Ecclesiastical Policy of King James 1," p.202.
101 Coffey, *Persecution and Toleration*, p.125.
102 Newton, *Papists, Protestants and Puritans, 1559-1714*, p.33.
103 Seel, *Regicide and Republic*, p.23.

허락하였다.[104] 결국 이런 일련의 상황들은 제임스와 청교도 사이를 더욱 멀어지게 만들었다.

종교적 통합에 대한 관심에서, 통합된 잉글랜드 교회를 지배하는 강력한 왕권에 대한 열망에서 제임스는 다양한 신학적 견해들을 허용하려고 했다. 왕권신수설을 기반으로 한 제임스의 입장에서는 국왕의 세속적·종교적 권위를 인정하고 충성을 다하는 종파라면, 이들이 가진 종교적 차이는 크게 중요하지 않았다. 이런 이유로 그는 가톨릭과 청교도 온건파 모두를 잉글랜드 교회에 포용하는 정책을 추진했는데, 그중 햄프턴 코트 종교회의는 온건한 청교도들을 국왕의 지지자로 만들어 국교회에 정착시키는 계기가 되었다. 그리고 이들이 자신의 모호한 종교적 입장을 문제 삼았을 때는 도르트 종교회의를 이용해 자신의 종교적 입장을 보다 분명히 밝히려고 했다.

---

104 S. Lambert, "Richard Montagu, Arminianism and Censorship," *Past and Present* 124 (1989), pp.42-50.

## 제4장

# 가톨릭 정책

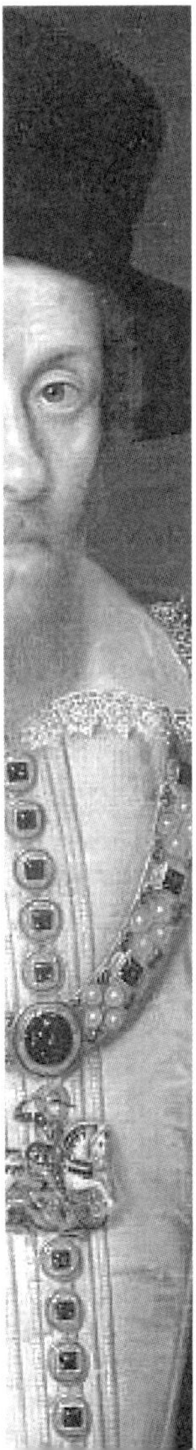

제1절

# 온건한 가톨릭에 대한 대응

## 온건한 반가톨릭 정책

16세기 말 잉글랜드와 스페인은 각각 신교와 구교의 맹주를 자처하고 있었다. 두 나라는 네덜란드 독립전쟁, 프랑스 종교전쟁 등에 적대적인 관계로 개입해 왔으며, 스페인은 무적함대와 같은 막강한 군사력을 앞세워 잉글랜드를 침공하기도 했다. 그 결과 제임스가 엘리자베스 여왕의 뒤를 이어 잉글랜드의 국왕으로 즉위할 무렵 두 나라 사이의 종교적 적대감은 극에 달하게 되었다. 당시 잉글랜드인들에게 스페인은 가톨릭 세력의 상징과도 같은 국가였다. 따라서 잉글랜드 국내에서는 반가톨릭 정서가 자연스레 고조되었다.

그런데 당시 잉글랜드 신교도들에게 가톨릭은 이슬람과 같은 명백한 적이 아니라, 교회 내부에서 진실한 종교를 거짓되게 만드는 적그리스도와 같은 존재였다.[1] 물론 신교도들이 자신들의 긍정적인

1 Peter Lake, “Antipopery: the Structure of a Prejudice” in *Conflict in early Stuart England-Studies in Religion and Politics 1603-1642*, eds. Richard Cust and Ann

이미지를 좀 더 부각하기 위해 가톨릭교도들에게 부정적인 이미지를 과도하게 덧씌운 측면도 있었겠지만, 적어도 가톨릭이 신교 국가인 잉글랜드를 위협하는 세력으로 간주되었던 것은 부인할 수 없는 사실이었다. 아르마다 전투 이후 잉글랜드 신교도들은 국내 가톨릭교도들이 스페인과 같은 외국 가톨릭 세력과 연계되지 않았는지 끊임없이 걱정했고, 잉글랜드에 대한 가톨릭교도들의 충성심을 의심했다. 이런 이유로 잉글랜드인들은 궁중 고위직을 차지하고 있던 가톨릭교도들의 영향력을 두려워하였고, 그들로부터 야기될 수 있는 정치적인 분열을 걱정하였다. 또 국왕의 권한을 제한하려는 교황의 권력에 대해서는 한 명의 인간이자 한 사람의 성직자에 불과한 교황이 다른 성직자들 위에서 교회 전체를 지배함으로써 그리스도의 권위뿐 아니라 군주의 권위까지도 부정한다는 비난을 퍼부었다.[2]

그럼에도 불구하고 제임스의 가톨릭 정책은 놀라우리만큼 온건한 편이었다. 국교를 거부한 가톨릭교도에게 가해진 벌금은 엘리자베스 시기에 비해 거의 1/5로 줄어들었고, 가톨릭교도들은 궁중과 지방에서 여전히 고위 관직을 차지하고 있었다. 물론 1605년 국왕과 그 후계자 등의 목숨을 노린 화약 음모 사건(Gunpowder Plot)이 발생한 이후 국교 기피법(Recusants Acts)[3]이 제정되면서 일부 가톨릭교

---

Hughes (London & New York: Longman, 1989), pp.72-73.

2 Lake, "Anti-popery: the Structure of a Prejudice," p.77.

3 recusant는 국교 기피자 혹은 비국교도로 해석할 수 있다. 주로 잉글랜드 종교개혁 이후 설립된 잉글랜드 국교회(the Church of England) 예배에 참석하는 것을 거부한 사람을 지칭한다. 라틴어 *recusare*에서 유래한 이 용어가 가톨릭만을 지칭하는 것은 아니다. 그러나 처음에는 로마가톨릭에 충성하던 사람들을 언급하기 위해 사용되었고, 실제로도 가톨릭의 숫자가 다수를 차지하기도 했다. 제임스 1세나 찰스 1세 시기에 통과된 국교 기피법들 역시 주로 '가톨릭 비국교도들(Popish recusants)'을 목표로 한 것이었다. 비국교도 중 가톨릭이 아

도들에 대한 벌금과 재산 몰수, 투옥 등의 강경책이 시행되기도 했다. 하지만 이는 오래 지속되지 않았고, 엘리자베스 시대와 같은 가혹한 박해로 이어지지도 않았다. 심지어 제임스는 아들 찰스(Prince Charles)와 스페인의 공주 마리아(Infanta Maria)의 결혼을 추진하기도 했다. 당시 잉글랜드인들의 반가톨릭 정서, 반스페인 정서를 고려할 때 이는 몹시 이해하기 힘든 조치였다. 이 시도는 결국 실패로 끝이 났지만, 시도 그 자체만으로도 엄청난 충격을 주었다.

### 가톨릭 정책의 의미

그렇다면 제임스는 왜 국민 정서에 반하는 가톨릭 정책을 시행했던 것일까? 이에 대한 연구 결과는 다양한 스펙트럼을 보여준다. 존 코피(John Coffey)는 제임스가 가톨릭에 관용을 베풀었던 것이 분명하고, 그 결과 제임스 시기 가톨릭의 상황은 그 이전보다 훨씬 좋아졌다고 주장했다.[4] 그래엄 실(Graham E. Seel)도 제임스의 가톨릭 정책에 변화가 있기는 했지만, 그의 통치 후반에는 관용적인 정책들이 시행되었던 것이 분명하다는 입장이었다.[5] 폴린 크로프트 역시 제임스는 종교적인 이유로 사형을 선고하는 것이 야만적이라는 생각을 갖고 있었

닌 그룹에는 잉글랜드 국교에 반대했던 여러 프로테스탄트 분파들이 있다. 이 프로테스탄트 중 급진적 개혁가들을 가톨릭 비국교도와 구별하여 'nonconformist' 혹은 'dissenter'라는 용어로 칭하기도 했다. 잉글랜드 국교회에 반대하는 이들에 대한 국교 기피법(Recusants Act)은 '가톨릭 비국교도들을 억제하기 위한 법(An Act for restraining Popish recusants)'이라는 타이틀로 엘리자베스 1세 시기 처음 선포되었다. 이 법은 잉글랜드 국교회의 활동에 참여하지 않는 이들에게 처형, 벌금(fines), 재산 몰수(property confiscation), 투옥(imprisonment) 등의 처벌을 가하기 위해 만들어졌고, 1650년 철회되었다. 그러나 이런 철회 조치에도 불구하고 가톨릭에 대한 여러 제한은 1829년까지 남아 있었다.

4 Coffey, *Persecution and Toleration in Protestant England 1558-1689*, pp.117-120.

5 Seel, *Regicide and Republic, England 1603-1660*, pp.22-24.

고, 이 때문에 가톨릭교도들에게도 관용을 베풀었다고 주장했다.[6]

한편 다이아나 뉴튼(Diana Newton)은 제임스의 가톨릭 정책이—그가 스코틀랜드에서 그랬던 것처럼—종교적 균형을 위한 것이었다고 주장했다.[7] 제임스가 스코틀랜드에서 장로교를 견제하기 위해 스코틀랜드 가톨릭을 이용했듯이, 잉글랜드에서는 청교도 세력을 견제하기 위해 가톨릭을 이용했다는 것이다. 반면 존 맥카퍼티(John McCafferty)는 제임스의 종교 정책이 종교 간의 화해를 위한 것이었다는 입장을 견지했다. 그에 따르면 제임스는 이런 화해를 통해 '영국의 콘스탄티누스'가 되려는 야심을 가지고 있었다.[8]

이처럼 제임스의 가톨릭 정책에 대한 학문적 입장은 매우 다양하고, 다소 혼란스럽기까지 하다. 이러한 결과가 초래된 것은 제임스가 어떤 원칙하에서 가톨릭 정책을 시행했는지가 아니라, 상황에 따라 다르게 실시된 제임스의 가톨릭 정책 그 자체에만 집중하는 연구 경향 때문이다. 그렇다면 제임스의 종교 정책 속에 공통적으로 포함된 종교에 대한 그의 원칙은 무엇이었을까?

제임스는 자신의 저서와 편지 등을 통해 교회에 대한 국왕의 권리를 인정하고 왕에게 충성맹세를 하는 온건한 가톨릭과 충성맹세를 거부하고 교황의 국왕 폐위권을 인정하는 극단적 가톨릭을 구분하려는 시도를 거듭해 왔다. 이런 점에 착안하여 그의 가톨릭 정책 역

6 Pauline Croft, *King James* (New York: Palgrave Macmillan, 2003), pp.151-181.
7 Diana Newton, *Papists, Protestants and Puritans* (Cambridge: Cambridge University Press, 1998), pp.27-36.
8 McCafferty, "The Churches and Peoples of the Three Kingdoms, 1603-1641," pp.59-63.

시 두 가지로, 즉 온건한 가톨릭을 위한 정책과 극단적인 가톨릭을 위한 정책으로 나누어 살펴보고자 한다.[9] 또한 당시 국교 체제를 유지했던 유럽 국가에서는 종교 문제를 두고 벌어진 세속 군주와 교황 사이의 갈등이 가장 큰 문제 중 하나였던 만큼, 제임스가 교황 측과의 논쟁을 통해 자신의 정책을 어떻게 강화해 갔는지도 살펴보고자 한다. 이를 통해 제임스가 무엇을 추구했는지, 그 진심이 무엇이었는지가 좀 더 분명히 드러날 것이기 때문이다.

### 가톨릭에 대한 제임스의 태도

1603년 제임스가 즉위했을 때 엘리자베스 여왕 치하에서 박해받던 가톨릭교도들은 종교적 관용을 기대하며 제임스를 환영하였다. 그가 장로교 국가인 스코틀랜드를 통치할 때도 가톨릭에 관대한 태도를 보였기 때문이다. 제임스는 스페인과 내통하고 있다는 의심을 받던 헌틀리 백작과 에롤 백작에게 관용을 베풀었다. 이뿐만이 아니었다. 1595년 10월, 자신의 친정(親政)을 보조했던 국무상 메이틀랜드(John Maitland, Secretary of State)가 사망하여 후임 인사를 단행하게 되었을 때 제임스는 총 8명 중 4명을 가톨릭교도로 선발한 바 있다. 제임스가 가톨릭에 얼마나 관대했는지는 양국(잉글랜드, 스코틀랜드)에서 사형에 처해진 가톨릭 교도의 숫자를 비교해 보면 보다 분명해진다. 반역법(Treasons Act)이 제정된 1571년부터 제임스의 왕위 계승 직전까지 잉글랜드에서는 총 189명의 가톨릭교도가 사형에 처해진

9 James I, King of England, *Letters of King James VI and I*, no. 89, 91; King James VI & I, *Basilikon Doron*, pp.18-19.

반면,[10] 제임스의 통치기 스코틀랜드에서는 단 한 명의 가톨릭 신자도 처형당하지 않았다.[11]

이는 장로교 귀족들을 견제할 다른 세력이 필요했기 때문일 수도 있지만, 자신이 오랫동안 꿈꿔왔던 교회 통합에 대한 야심, 즉 '교회를 하나로 만들기 위해 기꺼이 로마가톨릭과 재결합하겠다.'라는 생각이 영향을 끼쳤기 때문일 수도 있다.[12] 이런 관용적인 태도는 잉글랜드 가톨릭에게도 동일하게 적용되었다. 1601년경부터 제임스는 잉글랜드 국무상 로버트 세실과 서신을 교환하며 엘리자베스 여왕 사후를 준비했는데,[13] 그때 보낸 편지 중에는 가톨릭에 대한 그의 생각을 보여주는 아래와 같은 구절이 있다.

> 나는 가톨릭을 박해할 생각이 없다. 나의 어머니 교회는 결점과 부패가 많지만, 그럼에도 불구하고 나는 그들의 교회를 존중한다. 그 외에 나는 잘못된, 확실하게 주의할 만한 것들에 대해서만 박해를 할 것이다.[14]

---

10 G. Nuttall, "The English martyrs 1535-1680: a statistical review," *Journal of Ecclesiastical History* 22(1971), pp.191-197; Coffey, *Persecution and Toleration*, p.90. 헨리 8세부터 제임스 시기까지 잉글랜드 가톨릭 순교자의 수는 아래와 같다. 이는 처형되거나 감옥에서 죽은 사람을 합한 숫자이다. 가톨릭이라 할지라도 반역죄로 처형된 사람의 수는 포함되지 않았다.

| 연도 | 1535-1544 | 1571-1603 | 1604-1618 | 합 계 |
|---|---|---|---|---|
| 순교자 | 50 | 189 | 25 | 264 |

11 Wormald, "Gunpowder, Treason and the Scot," *Journal of British Studies* 24, no. 2 (1985), p.145; Coffey, *Persecution and Toleration*, p.110.

12 Seel, *Regicide and Republic, England 1603-1660*, p.22.

13 이들은 편지를 주고받을 때 보안을 위해 숫자로 서로를 칭하였다. 세실은 '10', 제임스는 '30'이었다.

14 James I, King of England, *Letters of King James VI and I*, no. 91. 1603년 3월 세실에

이 구절은 제임스가 스코틀랜드에서 가톨릭교도들에게 베풀었던 관용을 잉글랜드 가톨릭교도들에게도 베풀 것을 약속하는 것이며, 나아가 자신이 가톨릭 교회를 여전히 존중하고 있음을 드러내는 것이었다. 그러나 같은 편지 내용 중 "나는 어떤 경우에도 양극단을 싫어한다. 최근에 출판된 내 책에서 명백하게 밝힌 것처럼 오직 중도만을 인정한다."와 같은 문장이나 "가톨릭교도가 꽤 여러 종류라는 것에 유감을 표한다."라는 문장은 제임스의 가톨릭 관용 정책이 극단적인 가톨릭이 아니라 온건하고 중도적인 가톨릭을 대상으로 하고 있음을 분명히 드러내기 위한 것으로 보인다.[15]

### 가톨릭에 대한 대응

제임스가 잉글랜드 왕위를 계승했을 때 잉글랜드의 일부 가톨릭들, 즉 제임스가 극단적인 가톨릭이라 칭한 이들은 프로테스탄트인 제임스의 왕위 계승이 이단적이라고 생각했다. 특히 요셉 크레스웰(Joseph Cresswell, 1557-1623)과 같은 잉글랜드 제주이트들은 "폭군"이자 "외국인"이며 "이단"인 제임스 6세의 왕위 계승을 막기 위해 군대를 보내달라고 스페인 정부에 압력을 가하기도 했다.[16] 그러나 가톨릭교도 대부분은 제임스가 가톨릭교도인 메리 여왕의 아들이라

---

게 보낸 편지.

15 James I, King of England, *Letters of King James VI and I*, no. 91.

16 A. J. Loomie, *Guy Fawkes in Spain: "Spanish Treason" in Spanish Documents*, Bulletin of the Institute of Historical Research, special supplement, 9 (London, 1971); Wormald, "Gunpowder, treason and the Scots," pp.154-155; Coffey, *Persecution and Toleration*, p.117. 요셉 크레스웰은 로마에 있던 English College의 학장이자 스페인에 거주하는 잉글랜드 제주이트들의 대리인이었다.

는 점, 또 그가 가톨릭에 동조적이었던 앤 왕비의 남편이라는 사실에 고무되어 있었다.[17] 엘리자베스 시기에 모진 박해를 경험했던 이들은 제임스에게 관용을 기대했다. 이러한 기대는 제임스가 잉글랜드 왕위를 계승하기 전에 잉글랜드의 가톨릭 유력자들과 비밀리에 주고받았던 편지들을 통해 더욱 커졌다. 1603년 3월 24일, 제임스가 잉글랜드 가톨릭 리더 중 하나였던 노섬벌랜드 백작 헨리 퍼시(Henry Percy, 9th earl of Northumberland, 1564-1632)[18]에게 보낸 편지에는 다음과 같은 구절이 있다.

> 가톨릭에 관한 한 나는 그들을 절대 박해하지 않을 것이다. …… 그러나 그들이 법을 위반한다면 그것이 아무리 도움이 되고 가치 있는 훌륭한 의식이라 할지라도 나는 그들을 절대 용서하지 않을 것이다.[19]

가톨릭교도들이 법을 위반하지만 않는다면 박해하지 않겠다는 제임스의 약속은 진심이었을 것이다. 그는 종교적 이유로 사형을 선고하는 것이 매우 야만적인 행위라고 생각했기 때문이다. 이러한 성향은 "왕의 기본적인 노선은 피 흘리지 않고 소수만 처벌하는 것"이라는 프랜시스 베이컨(Francis Bacon, 1561-1626)의 주장과도 일맥상통한

17 Coffey, *Persecution and Toleration*, p.110; Albert J. Loomie, *Spain and the Early Stuart, 1585-1655* (London: Ashgate Variorum, 1996), p.303.

18 헨리 퍼시는 프로테스탄트로 성장했으나 이후 가톨릭으로 개종했다. 그는 1603년 발생한 메인 음모 사건의 주동자 코밤이나 롤리와 친밀한 관계였고, 화약 음모 사건의 주역인 토마스 퍼시와도 인척 관계였다.

19 James I, King of England, *Letters of King James VI and I*, no. 92를 참조할 것.

다.[20] 이는 또 제임스가 자신의 저서 『자유 군주국의 진정한 법』에서 밝힌 바와도 부합한다. 이 저서에서 제임스는 다음과 같이 쓰고 있다. "신민은 기독교 국왕에게 복종할 의무를 지고 있다. 국왕은 지상에서 신의 대리자이므로 신에 대한 직접적인 대적을 제외한 모든 것에서 왕의 명령에 복종해야 하며, 왕은 신에 의해 재판관으로 임명되었고, 그들을 심판할 권리를 가지고 있다." 왕권신수설에 바탕을 둔 제임스의 주장에 따르면 "왕은 곧 법"이며 "법은 왕 자신"이다. 가톨릭교도들이 법을 위반하지 않겠다는 것은 결국 왕에게 충성하겠다는 것과 같으므로 그들에게 관용을 베풀겠다는 것이었다.[21] 그러므로 왕권 강화와 안정에 주력했던 제임스의 입장에서는 폭력적인 행동을 보이지 않고 왕의 권위에 복종하는 온건한 가톨릭에 대한 박해는 불필요한 것이었다고 할 수 있다. 더불어 왕의 종교적 조언자들 역시 가톨릭에 관용적인 생각을 지니고 있었다. 특히 위트기프트의 뒤를 이어 캔터베리 대주교가 된 뱅크로프트는 가톨릭보다는 오히려 퓨리터니즘(Puritanism)이 국가를 약화시킨다고 생각했으므로 제임스의 가톨릭 관용 정책을 반대하지 않았다.

### 가톨릭 관용 정책

앞서 언급한 것처럼 제임스의 잉글랜드 왕위 계승 직후 시행된 가톨릭 정책은 상당히 관용적이었는데, 구체적인 자료들을 살펴보면

20 Francis Bacon, *The Works of Francis Bacon*, vol. 11, eds. James Spedding, Robert Leslie Ellis and Douglas Denon Heath (Houghton Mifflin, some time around 1900), pp.90-91; Croft, *King James*, p.161.

21 James I, King of England, *The True Lawe of Free Monarchies*, pp.72-73.

이는 보다 분명해진다. 엘리자베스가 왕위를 계승한 1567년 이후 제정된 통일법(Act of Uniformity) 제3조에 따르면 16세가 넘는 사람은 일요일에 반드시 교회에 출석해야 했다. 만일 이를 지키지 않을 경우 12펜스(pence)의 벌금을 부과했는데, 이는 국교회에 반대하여 국교회 기도서에 따라 예배드리지 않는 가톨릭교도에게 주로 해당하는 것이었다.[22] 그런데 제임스가 잉글랜드 왕위를 계승할 무렵인 1603년에 7,000파운드(pound) 정도였던 이 벌금이 1년 후인 1604년에는 1,500파운드로 크게 줄었다.[23] 물론 화약 음모 사건 이후부터는 벌금이 다시 늘었지만, 엘리자베스 시대처럼 가톨릭교도가 파산을 걱정하거나 개종을 고민할 정도는 아니었다.

또한 제임스 정부에서는 가톨릭교도들도 여전히 자신들의 관직을 유지할 수 있었다. 이런 상황이었기에 국교도 고위 관리들도 가톨릭교도들과 결혼하거나 그들과 깊은 관계를 맺기도 했다. 제임스의 왕위 계승 전에 세 번이나 대리인을 보내어 제임스가 가톨릭을 박해하지 않는다면 잉글랜드 가톨릭은 그를 왕으로 받들고 충성을 다하겠다는 다짐을 전한 노섬벌랜드 백작은 제임스의 왕위 계승 직후 곧바로 추밀원 의원이 되었고, 연금(pension)도 수령하게 되었다. 이후에 그는 서섹스(Sussex)의 주지사(Lord Lieutenant)로 임명되었다. 제임스의 왕위 계승 후 추밀원 의원이 되었던 노샘프턴 백작 헨리 하워드(Henry

22 Gerard Bray ed., *Documents of the English Reformation* (Cambridge: James Clark & Co., 2004), p.332. 또한 가톨릭식으로 예배를 거행하거나 설교를 하는 사람은 6개월 감금 및 1년치 수입 몰수형에 처해졌다. 이를 두 번 위반했을 때에는 1년간 감옥에 가두고 모든 직분을 박탈했고, 세 번 위반했을 때에는 무기징역을 선고했다.

23 Coffy, *Persecution and Toleration*. p.117.

Howard, 1st Earl of Northampton, 1540-1614) 역시 옥새상(Lord Privy Seal)을 비롯한 국가 고위직을 두루 거쳤고, 그의 동생 토마스 하워드(Thomas Howard, 1st Earl of Suffolk, 1561-1626)는 재무상(Lord High Treasurer)에 오르기도 했다. 제임스 시기에는 이 밖에도 여러 가톨릭 신자가 종교적 핸디캡을 극복하고 관직에 올랐다. 왕실 건축 감독관(Master of the King's Work)으로 그리니치의 퀸즈 하우스(Queen's House)와 화이트 홀 궁전(Palace of Whitehall)의 방퀘팅 하우스(Banqueting House) 같은 건물을 지었던 이니고 존스(Inigo Jones, 1573-1652)나 궁중 예배당의 수석 작곡가였던 윌리엄 버드(William Byrd, 1539/40-1623) 등이 바로 그런 경우였다.[24] 심지어 가톨릭교도들에게 거둔 벌금을 관리하던 헨리 스필러(Henry Spiller, d. 1649)는 가톨릭교도와 공개 결혼까지 했으니, 당시 제임스의 가톨릭 정책이 얼마나 관대하였는지를 짐작할 수 있다.[25]

이는 화약 음모 사건이 발각된 이후에도 크게 달라지지 않아서 가톨릭교도들은 궁중 고위직을 그대로 유지할 수 있었다. 사실 제임스 시기에 가톨릭계 고위 공직자의 수나 가톨릭교도 숫자는 계속 증가했다. 1603년에는 8~9명 정도의 가톨릭 귀족이 궁중 고위직을 차지하고 있었으나, 제임스의 치세 마지막인 1625년에는 그 숫자가 18명으로 늘어났다.[26] 가톨릭교도 숫자 또한 1603년에는 약 4만 명 정도였으나, 제임스 치세 마지막인 1625년에는 5만여 명으로 늘었다.[27] 화약 음모

24 Chris Cook and John Wroughton, *English Historical Facts 1603-1688* (London and Basingstoke: Macmillan, 1980), pp.8-18; Coffey, *Persecution and Toleration*, pp.119-120.

25 Croft, *King James*, pp.161-162.

26 Coffey, *Persecution and Toleration England*, pp.119-120.

27 Croft, *King James*, 162-163; Coffey, *Persecution and Toleration England*, p.119. 잉

사건 이후에도 가톨릭교도 숫자가 계속 증가하였다는 것은 가톨릭에 대한 사회적 관용이 이 사건 이후에도 계속되었음을 방증한다.[28]

### 충성맹세와 대(對)스페인 결혼 협상

1605년, 제임스의 왕위 계승을 이단시했던 극단적 가톨릭교도들이 주도한 화약 음모 사건이 사전에 발각된 후 두 개의 반가톨릭 법과 함께 시행된 충성맹세(Oath of Allegiance) 역시 "가톨릭의 미신에 분별력을 잃었지만, 여전히 복종의 의무를 다할 마음을 간직한 충성스러운 신민들"과 "화약의 반역"을 이끌었던 무리를 구별하기 위한 것이었다.[29] 즉 충성맹세는 제임스의 확인된 적들—국왕에 대한 충성심이 의심되거나 국교 기피 벌금의 납부를 거부하는 가톨릭교도—만을 가려내어 처벌할 목적으로 시행되었던 것이다. 그 결과 충성맹세를 받아들인 이들은 잉글랜드 국교에 그대로 포용되었고, 충성맹세를 거부한 사람들은 감옥에 수감되었다. 1613년 런던에서는 이 맹세를 거부한 40명의 비국교도와 11명의 사제가 구금되었다.[30]

---

글랜드 제주이트들의 숫자도 1593년 9명에서 1620년 106명으로 증가했다.

28 W. J. Sheils, "Catholics and their neighbours in a rural community: Egerton Chapelry 1590-1780," *Northern History* 34 (1998), pp.109-133; John Bossy, "The English Catholic Community, 1603-1625," *The Religion of James VI and I*, ed. A. G. R. Smith (London: Macmillan, 1973), pp.91-105; Caroline M. Hibbard, "Early Stuart Catholicism: Revisions and Re-Revisions," *The Journal of Modern History* 52, no. 1 (1980), p.2.

29 Larkin and Hughes, *Stuart Royal Proclamation*, Ⅰ, p.249; Patterson, *King James VI & I and the Reunion of Christendom*, p.78.

30 이 때문에 당시 스페인 대사였던 곤도마르 백작(Count of Gondomar)은 펠리페 3세(Philip III)에게 제출한 보고서에서 가톨릭에 대한 박해가 충성맹세 때문에 여전히 가혹하다고 설명했다. 그러나 엘리자베스 시기 가톨릭 순교자가 189명이었던 반면, 제임스 시기 가톨릭 순교자는 25명에 불과했다는 점을 고려하면 제임스가 가톨릭에 매우 관대하였음을 알 수 있다.

1614년에 의회는 국왕이 가톨릭에 대해 너무 느슨한 태도를 취하고 있다는 불만을 제기했지만, 제임스의 태도는 크게 달라지지 않았다. 신교와 가톨릭 사이에 30년 전쟁이 발발하고 의회가 신교 세력을 돕기 위한 출병을 기대했던 1618년에도, 심지어 신교 측에 섰던 그의 사위 프리드리히 5세(Frederick V, 1596-1632)가 가톨릭 합스부르크 세력에 의해 고국인 팔츠(Palatinate)와 보헤미아(Bohemia)에서 폐위된 1620년에도 제임스는 전쟁에 개입하지 않았다.[31] 1622년, 그는 오히려 찰스 왕자와 스페인 공주 간의 결혼 협상을 시작한다. 이 결혼 협상은 '바빌론의 창녀'를 돕는 행위라는 청교도들의 원색적인 비난이 잇달았지만, 제임스는 스페인을 움직이기 위해 충성맹세나 국교 기피 벌금 거부로 수감된 가톨릭교도들을 풀어주는 조치를 취하기도 했다.[32] 스페인과의 결혼 협상이 실패로 끝났을 때도 제임스는 가톨릭을 억압하는 정책을 재개하지 않았다. 1625년 베네치아 대사는 "가톨릭교도들이 더할 나위 없이 행복하다고 느꼈고, 도망쳤던 많은 가톨릭 귀족들도 도시로 되돌아왔다."라는 보고로 당시 잉글랜드 가톨릭의 상황을 설명하기도 했다.[33]

---

31 1617년 보헤미아의 왕을 겸하고 있던 합스부르크가 출신 신성로마제국의 황제 마티아스(Mathias, 1557-1619)가 가톨릭교도인 사촌 페르디난트(Ferdinand)를 자신의 후계자로, 즉 장래 보헤미아의 왕으로 지명하자 열렬한 칼뱅교도인 보헤미아 귀족과 백성들이 이에 반대하여 신교도인 제임스의 사위 프리드리히를 왕으로 추대했다. 제임스는 사위에게 이 제안을 거절하라는 서신을 보냈으나, 이 서신이 도착하기도 전에 프리드리히는 왕관을 수락했다. 이후 세력을 규합한 가톨릭은 프리드리히의 왕위를 빼앗고 그의 영지인 팔츠로 진격하였다. 이 사건은 결국 가톨릭과 신교 간의 전면전 양상으로 확대되었는데, 당시 잉글랜드인들은 프리드리히를 지지했다.

32 T. Cogswell, "England and the Spanish match" in *Conflict in Early Stuart England*, eds., R. Cust and A. Hughes (Harlow; Longman, 1989), chapter 4; Coffey, *Persecution and Toleration England*, p.120.

33 Seel, *Regicide and Republic*, p.23.

### 평화의 중재자

사실 제임스가 신민들의 반대에도 불구하고 30년 전쟁에 개입하지 않은 것과 스페인과의 결혼 협상을 시작한 것은 그가 신교와 가톨릭 국가들 사이에서 평화의 중재자 역할을 하고 싶었기 때문이다. 동일한 의도에서 그는 자신의 장남은 가톨릭교도와, 장녀는 신교도와 결혼시키려 했다. 그러나 장남이었던 헨리 왕자가 1612년에 사망하면서 계획에 차질이 생겼다. 이에 제임스는 그다음 해에 장녀인 엘리자베스 공주(Elizabeth Stuart, 1596-1662)를 급진적 신교도인 프리드리히 5세와 결혼시킨 후, 다시 차남 찰스와 스페인 공주의 결혼 협상을 추진했다. 제임스는 만약 찰스가 스페인 공주와 결혼한다면, 가톨릭인 합스부르크가의 황제 마티아스의 영향력을 이용해 이 전쟁을 끝낼 수 있을 것으로 생각했다. 이런 행보는 제임스가 가톨릭 문제를 단순히 종교 문제로만 생각한 것이 아님을 방증한다. 그에게 가톨릭 문제는 자신의 왕권이나 개인적 야심과 관련된 대단히 정치적인 문제이기도 했던 것이다.

잉글랜드 통치와 더불어 시작된 제임스의 가톨릭 정책은 기본적으로 매우 관용적인 것이었다. 물론 그의 관용 정책은 전제가 아니라 왕에게 충성을 맹세하는 온건한 다수 가톨릭을 대상으로 하는 것이었고, 정치적인 상황이나 제임스 자신의 필요에 따라 시행과 중단이 반복되기도 했다. 하지만 기본적으로 제임스는—스코틀랜드 장로교나 잉글랜드 하원을 장악한 청교도들과는 달리—가톨릭에 대해 적의를 갖고 있지 않았다. 제임스는 가톨릭을 '적그리스도'라고 비난하기도 했고, 로마의 잘못을 지적하기도 했다. 하지만 그럴 때도 그는 가톨릭 교회를 여전히 진실한 교회로 간주하고 있었다.[34] 제임스는 가톨릭이 두 부류로 나누어져 있음을 인식하고 있었고, 그들 중 자신의 권위를 인정하고 왕국의 법을 위반하지 않는 이들에 대해서는 얼마든지 관용을 베풀고자 하였다. 이는 그의 교회 정책이 하나의 종교로의 통일보다는 하나의 종교 속으로의 조화를 지향했음을 의미한다. 제임스는 관용의 대가로 벌금을 거두고, 그것으로 국가 재정을 충당하기도 했다. 하지만 신교 국가와 가톨릭 국가 사이에서 평화를 중재하는 사람이 되어 유럽 교회를 하나로 만들겠다는 야심을 버린 적은 없었다. 그러했기에 그러한 통합에 반대하는 극단적인 파벌에는 관용을 베풀지 않았다. 제임스가 생각했던 '훌륭한 종교'는 자신을 왕국의 합법적인 '최고 통치자'로 받아들이고, 그 권위를 인정하는 종교였다. 따라서 그의 권위를 인정하기만 한다면 가톨릭이라 할지라도 크게 상관하지 않았다. 그러나 그는 교황에게 세속 군주를 폐위시킬 권한이 있다고 생각했던 극단적인 분파들은 몹시 혐오하였고, 다른 기독교 국가의 군주들도 자신과 생각이 같을 것이라고 믿고 있었다.[35]

34 Coffey, *Persecution and Toleration*, p.120

35 Croft, *King James*, p.161.

제2절

# 극단적인 가톨릭에 대한 대응

### 극단적 가톨릭에 대한 제임스의 인식

제임스가 잉글랜드 왕위를 계승하기 전 세실과 주고받았던 편지들 중에 아래와 같은 구절이 있다.

> 나는 아주 많이 놀랐다. …… 많은 제주이트와 사제 무리가 잉글랜드에 드나들거나 머무르고 있을 뿐 아니라, 지난 몇 해 동안 어떤 단속과 처벌도 없이 잉글랜드의 모든 장소 여기저기에서 거만하게 자신들의 의식을 행하였다.[36]

이것은 당시 잉글랜드 왕위 계승을 염원하던 제임스가 잉글랜드 상황을 주시하고 있었고, 제주이트의 상황 역시 잘 알고 있었음을 보여준다. 게다가 이 편지의 또 다른 부분에서 그들이 "휘어잡을 수 없는 야생 망아지" 같다고 한탄한 것을 보면, 제임스가 극단적인 가

36 King James VI & I, *The Letters of King James VI & I*, no. 89. 제임스가 로버트 세실(Robert Cecil)에게 보낸 1602년의 편지에서 발췌한 것임.

톨릭 파벌인 제주이트를 어떻게 다루어야 할지 상당히 고민하고 있었음을 알 수 있다.[37]

제임스는 자신의 저서 『바실리콘 도론』[38]에서 "두 개의 극단적인 것에 주의하라. 하나는 교황쟁이들(papists)이고, 다른 하나는 재세례파들(anabaptists)이다."라고 서술한 바 있고, 세실에게 보내는 편지에서도 "나는 어떤 경우에도 양극단을 싫어한다.", "가톨릭교도들이 꽤 여러 종류라는 것에 유감을 표한다."라고 명시한 바 있는데, 이는 그가 '왕에 대한 충성의무를 간직한 온건한 가톨릭'과 자신의 공개적인 적들('군주를 폐위하는 교황의 권력'이나 '가톨릭 잉글랜드를 강조하는 극단적인 가톨릭들')을 구분하려는 의도를 가지고 있었음을 보여준다.[39]

게다가 제임스는 『자유 군주국의 진정한 법』에서 "국왕은 지상에서 신의 대리자이므로 신에 대한 직접적인 대적을 제외한 모든 것에서 신민들은 왕의 명령에 복종해야 한다."[40]라고 말한 바 있고, 『바실리콘 도론』에서는 "신은 너를 왕위에 앉히고 다른 사람들 위에서 지배하도록 작은 신으로 만들었다."[41]라고 얘기할 정도로 신 이외에는 그 어떤 것도 왕권 위에 있을 수 없음을 주장했다. 따라서 이런 생각을 가진 제임스에게 왕을 파문하거나 폐위할 수도 있다는 극단적인 가톨릭의 주장은 더 이상 종교적인 이론에 머물지 않았다. 그것은 자신의 왕권에 대한 직접적인 위협이었기 때문이다. 제임스의

---

37 King James VI & Ⅰ, *The Letters of King James VI & Ⅰ*, no. 89.
38 Croft, *King James*, p.135; James VI & I, *Basilikon Doron*, pp.18-19.
39 King James VI & Ⅰ, *The Letters of King James VI & Ⅰ*, no. 91; Hibbard, "Early Stuart Catholicism: Revisions and Re-Revisions," pp.22-24.
40 James VI & Ⅰ, *The Trew Law of Free Monarchies*, p.72
41 James VI & I, *Basilikon Doron*, pp.12-19.

입장에서 볼 때 이런 극단주의자들을 가려내어 처벌하는 것은 자신의 왕권을 보호하는 데 꼭 필요한 중차대한 일이었다.

**바이 음모 사건(Bye Plot)**

제임스의 통치 첫해부터 발생한 가톨릭의 음모들은 바로 이러한 극단주의자들이 주도한 것인데, 이는 제임스뿐 아니라 잉글랜드 신민들 모두에게 큰 영향을 끼쳤다. 그 첫 번째인 바이 음모 사건(Bye Plot)은 제임스가 엘리자베스 시대에 임명된 추밀원 의원들을 유임시키려 했을 때 일어났다. 엘리자베스 치하에서 박해를 경험했던 가톨릭들은 엘리자베스 시대의 추밀원 의원들이 그대로 유임될 경우 가톨릭에 대한 박해도 계속될 것이라고 생각했다. 즉각적인 관용을 기대했던 자신들의 희망이 좌절되었다는 생각에 그들은 극단적인 행동을 계획했던 것이다.

스코틀랜드에서 온갖 음모로 고생하던 제임스가 잉글랜드에서 즉위식을 치르기도 전에 직면하게 된 이 음모는 가톨릭 신부였던 윌리엄 왓슨(William Watson, 1559-1603)과 윌리엄 클락(William Clark, d. 1603) 등이 주도한 것이었다. 이들은 1603년 6월 24일 밤 그리니치(Greenwich) 궁전에 머물고 있던 왕을 몰래 납치한 후 자신들에 대한 사면, 가톨릭에 대한 종교적 관용, 가톨릭을 박해하는 사람들로 구성된 추밀원 의원들의 해임과 그 의원들이 만든 반가톨릭 법령들(legislations)의 폐기를 왕에게 강요할 생각이었다. 왓슨은 잉글랜드에 거주하는 4만여 명의 가톨릭교도들이 자신들의 행동을 지지할 것으로 생각했으며, 클락은 제임스가 왕좌에 앉을 때까지는 합법적인 정부가 없는 것과 마찬가지이므로 자신들의 반란은 반역죄가 될 수 없다는 논리를 가톨릭교도들에게 확신시키려 했다.[42]

그러나 아이러니하게도 이러한 음모는 같은 가톨릭교도의 고발로 사전에 발각되었다. 가톨릭 신부인 헨리 가넷(Henry Garnet, 1555-1606)이 거느린 잉글랜드 제주이트들이 몇몇 주동자들의 동기에 의심을 품었고, 이것이 고발로 이어졌던 것이다. 예를 들어 그들은 주동자들 중 한 명인 조지 브룩(George Brooke, 1568-1603)의 의도를 의심했다. 그는 윈체스터(Winchester)에 있는 성 십자가 병원(St Cross hospital)의 원장이 되기를 바랐으나, 제임스가 그 자리를 다른 사람에게 팔아버리자, 이로 인한 실망감을 해소하기 위해 이 일을 꾸몄다는 것이다. 이러한 지극히 개인적인 동기들에 대한 의심 외에도, 거사 실패 시 전체 가톨릭에 가해질 보복에 대한 두려움이 더해져 잉글랜드 제주이트들의 마음이 움직였을 것이다. 이 사건은 제임스의 주장처럼 당시 잉글랜드 가톨릭계가 분열되어 있었고, 또 그들 중 극단적인 가톨릭교도들은 즉위 초 제임스가 시행했던 관용 정책을 매우 불만스럽게 생각하고 있었음을 입증하는 좋은 증거이기도 하다.

### 메인 음모 사건(Main Plot)

그런데 바이 음모 사건을 조사하는 과정에서 이 음모와 함께 계획되었던 또 다른 음모가 발각되었다. 두 음모는 동시에 진행되었고,

42 Lisle, *After Elizabeth*, p.229.

주모자들도 서로 연관되어 있었던 것이다. 두 음모에 'Main'(중심, 주)과 'Bye'(보조, 부차적)라는 이름이 붙은 것도 바로 이 때문이다.[43] 바이 음모 사건의 주모자 중 한 사람이었던 조지 브룩은 메인 음모 사건의 주모자인 헨리 브룩(Henry Brooke, 11th Baron Cobham, 1564-1618)의 동생이었고, 그들은 서로의 계획을 지속적으로 논의했다. 헨리는 왕을 납치하려는 왓슨의 계획이 불충분하다고 생각했고, 그보다는 왕과 왕의 자식들을 모두 없애겠다는 자신의 계획이 더 '중심적'(Main)이라고 자랑했다. 메인 음모 사건은 잉글랜드의 극단적 가톨릭들이 제임스를 제거하고 그의 사촌인 아르벨라 스튜어트를 새로운 여왕으로 옹립하려는 계획이었다. 왕에게 관용을 바라기보다는 왕과 왕족들을 제거한 후 프로테스탄트 잉글랜드를 가톨릭 잉글랜드로 바꾸겠다는 것이었다. 그러나 이 음모는 바이 음모 사건에 연루되어 고문을 받던 조지 브룩이 목숨을 구걸하기 위해 자신의 형 헨리 브룩을 고발하면서 발각되었다. 이 음모는 헨리 브룩과 월터 롤리(Walter Raleigh, 1552-1618) 등이 계획하였는데, 이들은 군대를 매수하여 쿠데타를 일으킬 생각이었다. 심지어 이들은 쿠데타에 필요한 매수 자금 16만 파운드를 마련하기 위해 스페인과 협상을 벌이기도 했다.

잉글랜드의 신교도들은 제임스가 로마가톨릭을 엄격하게 제한하기를 바랐지만, 제임스는 가톨릭교도들이 자신의 권위를 인정하고 자신에게 복종하는 한 관용을 베풀 생각이었다. 그러나 그가 즉위

---

43 Lisle, *After Elizabeth*, p.229.

식을 치르기도 전에 발각된 바이 음모 사건과 메인 음모 사건은 아르마다 사건 때부터 존재해 왔던 가톨릭에 대한 두려움을 다시 불러일으켰다. 잉글랜드에서 가톨릭은 외국의 침입을 상기시키는 존재였기 때문이다. 국교회 주교들과 추밀원 의원들까지 제임스의 가톨릭 관용 정책을 강하게 비판했기에, 제임스는 결국 모든 제주이트와 가톨릭 신학교 신부들에게 왕국을 떠나라는 명령을 선언서 형태로 발표하게 되었다. 1604년 2월에 발표된 이 선언서에서 제임스는 "종교의 문제에서 신민들의 영혼에 해로울 뿐 아니라 그들의 의무와 충성심을 붕괴시키기 위해 준비된 수단과 방법으로부터 신민들을 보호하기 위해" 모든 선한 방법들을 사용할 의무가 자신에게 있다고 주장했다.[44] 제임스는 동년 3월에 소집된 자신의 첫 의회 때도 가톨릭에 대한 강한 반대를 드러냈고, 그 결과 가톨릭 교회를 추종하는 모든 잉글랜드인을 법률의 보호 밖에 두는 것을 목적으로 하는 법령이 4월 24일에 도입되었다.[45] 동년 11월에도 제임스는 비국교도에게 부과되는 벌금의 엄격한 징수를 명령하며 자신의 반가톨릭 정책을 분명히 드러냈다. 1605년에 발생한 화약 음모 사건은 바로 이러한 새로운 조치들을 배경으로 하고 있다.

### 화약 음모 사건

로버트 케이츠비(Robert Catesby, 1572-1605)와 그의 동료인 토마스

44 Larkin & Hughs, *Stuart Royal Proclamations*, p.115.
45 Antonia Fraser, *The Gunpowder Plot: Terror and Faith in 1605* (London: Phoenix, 2005), p.108.

윈투어(Thomas Wintour, 1571/1572-1606), 로버트 윈투어(Robert Wintour, 1568-1606), 토마스 퍼시(Thomas Percy, 1560-1605), 크리스토퍼 라이트(Christopher Wright, 1570-1605), 존 라이트(John Wright, 1568-1605), 존 그랜트(John Grant, 1570-1606), 프랜시스 트레셤(Francis Tresham, 1567-1605), 가이 포크스(Guy Fawkes, 1570-1606) 등은 바이와 메인 음모 사건의 주동자들처럼 보다 강력하고 더 즉각적인 가톨릭 관용 정책을 바라고 있었다. 그러나 이들은 가톨릭에 대한 관용의 문제보다는 다른 신교도가 잉글랜드 왕좌를 계승한 것에 더 큰 분노를 느끼고 있었다. 이들의 희망은 '가톨릭을 너그럽게 수용하는 잉글랜드가 아니라, 가톨릭 국가 잉글랜드'였기 때문이다.[46] 이를 위해 음모자들은 의회 개원식이 열리는 1605년 11월 5일에 국왕과 왕자들, 고위 대신들, 왕의 친척들, 신교 귀족들, 의회 의원들을 폭약으로 한꺼번에 제거할 계획을 세웠다. 이들은 또 제임스의 아홉 살 먹은 딸 엘리자베스 공주를 납치할 음모도 꾸몄다. 왕과 주요 인사를 제거하고 엘리자베스 공주를 이름뿐인 잉글랜드의 여왕으로 만든 후 가톨릭교도와 결혼시키는 것이 그들의 최종 계획이었던 것이다.

그러나 오랫동안 치밀하게 준비되었던 이 계획은 몬티글 남작 윌리엄 파커(Baron of Monteagle, William Parker, 1575-1622)에게 배달된 한 통의 편지로 발각되고 말았다.[47] 1605년 10월 26일에 배달된 이 편지는 공모자 중 한 사람이었던 프랜시스 트레셤이 자신의 처남 몬티

---

46 Wormald, "Gunpowder, Treason and the Scot," pp.152-153; Coffey, *Persecution and Toleration*. p.118.

47 *Calendar of State Papers Venetian*, vol. 10, p.288; Carrier, *James VI and I, King of Great Britain*, p.63; Aston, *James I by His Contemporaries*, pp.192-196.

글을 살리고 싶은 마음에 익명으로 보낸 것이었다.

> …… 나는 당신의 보호에 관심이 있다. 그런 이유로 나는 당신의 삶을 배려하여 당신에게 충고한다. 약간의 핑계를 대고 이번 의회에 참석하지 않도록 하라. …… 나는 이 의회에서 끔찍한 폭발 사건이 일어날 것이라고 말하고 있는 것이다. ……[48]

이 편지를 접한 제임스는 화약 폭발로 목숨을 잃은 부친 단리 경을 떠올리며 "나는 내 아버지가 화약으로 죽은 것을 기억하고 있다. …… 이 편지는 갑자기 폭발이 일어날 것이라고 말하고 있다. 의회가 개최될 건물 지하실을 조사하라."라고 명령했다.[49] 그리고 11월 4일 한밤중에 상원 근처 건물들을 조사하던 이들이 어느 건물 지하실에서 가이 포크스[50]를 체포했다. 그곳에서 30여 통이 넘는 화약도 함께 발견되었다. 의회를 날려 버리기에 충분한 양이었다.[51] 포크스의 체포 후 나머지 공모자들에 대한 대대적인 검거가 시작되었는데, 그 과정에서 케이츠비와 퍼시는 죽임을 당했고 존 그랜트, 토마스와 로버트 윈투어를 포함한 나머지 공모자들도 체포되어 재판을 받았

---

48 Fraser, *The Gunpowder Plot*, pp.179-180; Aston, *James I by His Contemporaries*, pp.192-196. 몬티글은 이 편지를 세실에게 가져갔고 11월 1일 제임스에게 전달되었다.

49 *Calendar of State Papers Venetian*, vol. 10, p.288; Carrier, *James VI and I, King of Great Britain*, p.63.

50 헌신적인 가톨릭교도였던 가이 포크스는 남부 네덜란드에서 군인으로 복무한 경험 때문에 마지막 순간 화약에 불을 붙일 인물로 발탁되었다.

51 발견된 화약의 양은 32~33통(약 36배럴)이었다. Northcote Parkinson, *Gunpowder Treason and Plot* (London: Weidenfeld and Nicolson, 1976), p.70; Alan Haynes, *The Gunpowder Plot: Faith in Rebellion* (Sparkford: Hayes and Sutton, 2005), p.90.

다. 재판은 1606년 1월 27일 시작되었는데, 법무상(Attorney-General) 에드워드 코크(Edward Coke)가 심문과 재판을 주도했다. 이 재판 결과 체포된 생존자 8명에게 교수형 판결이 내려졌고, 이미 사망한 케이츠비와 퍼시는 부관참시되었다.

화약 음모 사건은 엄청난 반향을 불러일으켰다. 신민들 사이에는 국왕 일가에 대한 동정적 여론이 일었고, 뒤이어 국왕에 대한 호감과 충성의 분위기도 만들어졌다. 의회 역시 마찬가지였다.[52] 흥분한 대중들의 반가톨릭 정서는 의회가 좀 더 엄한 반가톨릭법을 만들도록 압박했다.[53] 가톨릭을 적그리스도이자 진실한 종교에 반하는 것으로—나아가 외국의 침략과 연계된 위협으로—생각하고 있던 의회, 특히 하원은 이 사건이 제임스의 가톨릭 관용 정책을 수정할 좋은 기회라고 판단했다. 제임스 역시 이 사건이 자신의 왕권과 종교 정책에 대한 심각한 도전이라고 생각했다.[54] 그럼에도 불구하고 1605년 11월 9일 개최된 의회 연설에서 제임스는 자신의 왕국에 새로이 대두된 긴급한 두 개의 관심사—즉 왕권신수설과 가톨릭의 문제—를 언급하면서 가톨릭에 대해 약간의 여유를 남겨 두려고 애썼다. 그는 화약 음모 사건이 잉글랜드 가톨릭 전체가 아니라, 소수의 가톨릭에 의해 자행된 것이라고 주장했다.[55] 이는 제임스가 온건한 다수의 가톨릭으로부터 극단적인 소수 가톨릭을 분리하려는 의도를 끝까지 버리지 않았음을 의미한다.

---

52 Croft, *King James*, p.65.
53 Patterson, *King James VI and The Reunion of Christendom*, p.76.
54 Patterson, *King James VI and The Reunion of Christendom*, p.80.
55 David Harris Willson, *King James VI & I* (London: Jonathan Cape, 1963), p.226.

## 반가톨릭 법의 제정

의회의 두 번째 회기가 시작된 1606년 1월 21일, 하원에서는 잉글랜드 가톨릭 문제를 처리하기 위한 논의가 시작되었다. 화약 음모 사건에 대한 조사가 여전히 진행 중이었지만, 하원은 왕과 정부의 안전에 포커스를 맞추어 반가톨릭 법률안들을 논의했다. 상원과 하원의 협의에 이어 의회와 왕 사이의 협의가 끝난 5월 27일에 마침내 두 개의 법안이 의회를 통과했고, 6월에는 이 법들이 시행되었다.[56]

제임스가 잉글랜드의 합법적인 왕이자 교회의 지배자이며 교황은 국왕을 폐위할 수 없다는 내용의 충성맹세를 포함한 첫 번째 법은 가톨릭인 국교 기피자들에게 일련의 벌금을 요구한 것이었다.[57] 국교도가 아닌 신민들은 적어도 일 년에 한 번 국교회의 관습을 따라 성찬식에서 축성된 빵을 받는 의식에 참석해야 했다. 이를 어길 경우 첫해에는 20파운드, 두 번째 해에는 40파운드, 세 번째 해에는 60파운드로 책정된 벌금을 내야만 했다. 또 이들이 국교회 예배 참석을 거부할 경우, 왕은 자신의 재량으로 한 달에 20파운드의 벌금을 물리거나, 재산의 2/3를 몰수할 수 있었다.[58] 제임스의 가톨릭 관용 정책으로 1604년에는 1,500파운드에 불과했던 국교 기피 벌금이 이 법이 도입된 1606년에는 10,000파운드로 급증했다. 이러한 벌금

---

56 Wallace Notestein, *The House of Commons, 1604-1610* (New Haven: Yale University Press, 1971), pp.151-159.

57 J. R. Tanner ed., "Act for the Better Discovering and Repressing of Popish Recusant," *Constitutional Documents of the Reign of James I, A. D. 1603-1625, with an Historical Commentary* (Cambridge: Cambridge University Press, 1930), p.90; Patterson, *King James VI & I and the Reunion of Christendom,* pp.79-80.

58 Tanner, "Act for the Better Discovering and Repressing of Popish Recusants," p.86; Patterson, *King James VI & I and the Reunion of Christendom,* p.77.

조항은 1622년 스페인과의 결혼 협상이 시작되면서 폐지되었다.[59]

두 번째 법은 주로 거주 제한과 관련된 것이었다. 이 법으로 인해 가톨릭인 비국교도들은—소환되는 경우가 아니라면—왕의 거주지로 올 수 없게 되었고, 런던에서 10마일 이내에는 머물 수도 없게 되었다. 또 가톨릭교도는 의사나 변호사로 개업할 수 없게 되었고, 공무로 군대나 함선을 지휘할 수도 없게 되었으며, 개인적인 보호를 위해 꼭 필요한 경우가 아니라면 화약이나 무기를 보유할 수도 없게 되었다. 이뿐만이 아니었다. 이 법은 가톨릭인 비국교도가 가톨릭 사제를 숨겨 주는 행위나 자신의 건물에서 로마가톨릭 미사를 드리는 행위를 전면 금지했고, 위반 시에는 벌금형 또는 재산 몰수형에 처할 수 있도록 했다. 또 이렇게 부과된 벌금의 1/3까지는 이런 위법 사항을 고발한 이에게 지급하도록 하여 가톨릭교도에 대한 국민들의 감시를 장려했다.[60]

이 법들은 제임스 이전 시기와 비교하면 여전히 관용적이었으나, 화약 음모 사건 이전에 비하면 훨씬 더 가혹한 것이었다. 조지 블랙웰(George Blackwell, 1545-1608)의 뒤를 이어 잉글랜드 가톨릭의 수석 사제(archpriest)가 된 조지 버크헤드(George Birkhead, 1553-1614)는 1610년 중반에 충성맹세가 "이전보다 더 가혹해졌다."라고 말한 바 있는데, 이 또한 같은 맥락에서 이해할 수 있겠다.[61] 또 체스

---

59 Coffey, *Persecution and Toleration England*, p.118.

60 Tanner, "Act to Prevent and Avoid Dangers which May Grow by Popish Recusant," pp.94-95; Patterson, *King James VI & I and the Reunion of Christendom*, p.78.

61 Archives of the Archdiocese of Westminster, A Series[paginated], IX, 115, 149; M. C. Questier, "Loyalty, Religion and State Power in Early Modern England: English Romanism and Jacobean Oath of Allegiance," *The Historical Journal* 40, no. 2

터(Chester)의 주교 조지 로이드(George Lloyd, 1561-1615) 같은 반가톨릭주의자들이 자신들의 교구 내에서 충성맹세를 강요했다는 점,[62] 1612년 7월에는 옥스퍼드셔(Oxfordshire)의 치안판사(J. P. Justice of the Peace)들이[63] 그리고 1619년에는 각 지역의 행정담당자들이 충성맹세를 강요했다는 증거들[64]을 고려하면 충성맹세를 포함한 이 법들이 상당히 오래 지속되었음을 알 수 있다.

제임스는 "종교적인 차이로 신민들을 박해하지 않겠다."라고 말했던 만큼, 국교도가 아니어도 왕의 권위를 인정하고 왕에게 충성을 다하기만 하면 관용을 베풀 의사가 있었다. 그러나 국왕보다는 교황에게 충성하는, 교황이 국왕을 폐위시킬 수 있다는 주장에 동의하는, 나아가 프로테스탄트 잉글랜드보다는 가톨릭 잉글랜드를 원하는 극단적 가톨릭들에 대해서는 걱정하지 않을 수 없었다. 이들 극단적 가톨릭 세력 중 가장 위험한 이들은 물론 제주이트들이었다.[65] 제임스가 베풀었던 것보다 더 큰 관용을 원했고, 나아가 가톨릭 국가 잉글랜드를 꿈꾸었던 이들은 화약 음모 사건을 일으켜 제임스의

---

(1997), p.323.

62 J. H. E. Bennett and J. C. Dewhurst, eds., *Quarter session records ... for the county palatine of Chester, 1559-1760* (Record Society of Lancashire and Cheshire, xciv, n. p., 1940), pp.57-58; Joseph Creswell, *A proclamation* (St. Omer: English College Press, 1611), pp.77-83; Public Record Office, *S. P.* 14/49/26, fo. 44r-v; Questier, "Loyalty, Religion and State Power in Early Modern England," p.323.

63 A. G. Petti, ed., *Recusant Documents from the Ellesmere manuscripts* (London: Catholic Record Society, 1968), pp.208-210; Questier, "Loyalty, Religion and State Power in Early Modern England," p.324.

64 'Annual letters of the vice-province of England' (for 1619), *Letters and Notices,* XI (1876-7), 273-288, at p.274; R. N. Worth, *The Buller papers* (privately printed, 1895), p.7; Questier, "Loyalty, Religion and State Power in Early Modern England," p.325.

65 Hibbard, "Early Stuart Catholicism: Revisions and Re-Revisions," p.30.

왕권을 위협했을 뿐 아니라, 사회적으로도 큰 혼란을 초래했다. 다음 절에서는 극단적인 가톨릭을 통제하고 처벌하는 과정에서 만들어진 충성맹세의 내용을 구체적으로 검토한 후, 이로 인해 야기된 또 다른 갈등과 논쟁들을 살펴보기로 한다.

제3절

# 충성맹세와 교황권의 위협

## 충성맹세

제임스 시대에는 온건하거나 극단적인 잉글랜드 가톨릭 세력에 대한 실제적 조치뿐 아니라, 교황 측의 이데올로기적인 위협에 대응하기 위한 이론 차원의 조치도 함께 취해졌다. 화약 음모 사건에서 드러났듯이 이론적인 위협이 언제든 실제적인 위협으로 바뀔 수 있기 때문이었다.

충성맹세 제도가 도입된 지 얼마 지나지 않은 1606년 9월 22일, 교황 바오로 5세(Paul V, 재위 1605-1621)는 잉글랜드 로마가톨릭의 수석 사제였던 조지 블랙웰에게 짧은 편지 한 통을 보냈다.[66] 물론 이 편지는 블랙웰 개인이 아니라 잉글랜드 가톨릭 전체에게 보내는 메시지였다. 이 편지에서 교황은 잉글랜드의 가톨릭교도들이 "이단의 교회에 들어가는 것, 혹은 그들의 설교를 듣는 것, 혹은 그들의 예식을 나누는 것, 혹은 그 맹세에 자기 자신을 묶는 것"을 금지했고, 그

66 Questier, "Loyalty, Religion and State Power in Early Modern England," p.313; Patterson, *King James VI & I and the Reunion of Christendom*, p.81.

런 행동들이 "가톨릭 신앙과 개인의 영혼에 손상"을 입힐 것이라고 주장했다.[67] 잉글랜드의 가톨릭교도들은 제임스가 요구한 충성맹세를 거부해야 하며, 그로 인한 시련과 재앙은 가톨릭 신앙을 지키기 위해 감수해야만 한다는 것이다.

그러나 블랙웰은 이 편지를 잉글랜드 가톨릭교도들에게 전달하지 않았다. 화약 음모 사건이 발각된 후 이 음모를 "참을 수 없을 정도로 무자비하고 불명예스러우며 자포자기한 행동"이라고 표현하며 이런 "폭력적인 시도들은 가톨릭을 보호하고 유지하는 데 아무런 도움이 되지 않는다."라고 강하게 비난했던 그는 자신이 앞장서 충성맹세를 한 후, 다른 가톨릭교도들에게도 동참을 요청했다. 그에게 충성맹세는 신하가 국왕에게 충성의 의지를 보이는 것일 뿐이었기 때문이다.[68] 그러나 자신이 보낸 편지가 잉글랜드 가톨릭교도들에게 전해지지 않은 것을 알게 된 교황은 이듬해 8월 23일에 두 번째 편지를 보냈다. 잉글랜드의 가톨릭교도들이 자신의 진의를 확신하지

---

67 James Ⅰ, *Triplici nodo, triplex cuneus. Or An apologie for the Oath of allegiance, against the Two Breues of Pope Paulus Qvintus and the Late Letter of Cardinal Bellarmine to G. Blackwell the Arch-priest* (London: Robert Barker, 1607), p.10; Patterson, *King James VI & Ⅰ and the Reunion of Christendom*, p.81.

68 George Blackwell, *His Answeres vpon Sundry His Examinations; Together with His Approbation and Taking of the Oath of Allegeance; And His Letter Written to His Assistants and Brethren, Moouing Them Not Onely to Take the Said Oath but to Aduise All Romish Catholikes So to Doe* (London: Robert Barker, 1607), pp.9, 14, 22-23, 39; M. A. Tierney, ed., *Dodd's Church History of England from the Commencement of the Sixteenth Century to the Revolution in 1688*, Ⅳ (London: C. Dolmen, 1839-1843), cxi-cxii; *Calendar of State Papers, Domestic Series, of the Reigns of Edward Ⅳ, Mary, Elizabeth, and James Ⅰ*, Ⅷ (London: Her/His Majesty's Stationery Office, 1839-1843), p.243; Patterson, *King James VI & Ⅰ and the Reunion of Christendom*, p.82. 이런 행동의 결과 블랙웰은 자신의 직에서 쫓겨났고 그의 자리는 조지 버크헤드로 교체되었다.

못한 것으로 생각한 교황은 이 편지에서 충성맹세를 거부하라고 다시 한번 요구했다. 교황의 반응이 이처럼 즉각적이었던 것은 충성맹세를 보는 교황의 관점이 블랙웰과는 전혀 달랐기 때문이다. 교황의 입장에서 충성맹세는 단순히 충성 의지를 표현하는 차원의 문제가 아니었다.

당시 문제가 된 충성맹세는 7개 조항으로 구성되어 있었는데, 그 내용은 대략 다음과 같다. 첫째, 국왕 제임스가 '이 왕국의 정당하고 합법적인 왕이다.' 둘째, '교황은 왕을 폐위할 권리가 없고, 다른 외국 군주에게 국왕의 나라를 침략하거나 괴롭히도록 허가할 권리도 없다. 또 교황은 국왕에 대한 신민들의 충성과 복종을 면제할 권리가 없다.' 셋째, '교황의 파문이나 사면과는 관계없이 모든 신하는 왕에게 충성할 의무가 있다. 또한 신하는 음모에 대항해 왕을 보호해야 한다.' 넷째, '자신이 듣거나 알게 된 범죄나 반역 음모는 국왕에게 모두 알려야 한다.' 다섯째, '군주가 교황에 의해 파문되거나 권리를 박탈당할 수 있다는 생각, 국왕이 신민들이나 다른 누군가에 의해 폐위당하거나 살해될 수 있다는 불온하고 이단적인 교리와 입장을 혐오하고 포기한다.' 여섯째, '신민들을 이 맹세에서 벗어나게 할 권한은 교황을 비롯한 그 누구에게도 없다.' 일곱째, '충성맹세는 합법적으로 이루어진 것이다.'[69]

제임스는 충성맹세가 잉글랜드 가톨릭교도들 중 반역적인 사람들을 가려내기 위해 도입된 것이라는 점을, 즉 종교적 믿음이 아니라

---

69 Tanner, "Act for the Better Discovering and Repressing of Popish Recusant," p.90; Patterson, *King James VI & I and the Reunion of Christendom*, pp.79-80.

신민들의 복종과 관련해 시행된 조치라는 점을 거듭 언급했다. 그러나 제임스가 잉글랜드의 합법적인 왕이며, 그러한 왕에 대한 충성맹세 역시 합법적이라고 주장하는 두 조항(제1조와 제7조)과 국왕 보호를 위한 네 번째 조항을 제외한 나머지 네 조항(제2조, 제3조, 제5조, 제6조)은 교황청이 잉글랜드 가톨릭교도들에게 수백 년간 주장해 온 교황의 국왕 폐위권이나 파문권 자체를 전면 거부하라는 요구나 다름없었다. 게다가 제임스의 충성맹세에는 교황이 잉글랜드 가톨릭교도에게 충성맹세를 거부하도록 요구하는 것 자체가 불온하고 이단적이라는 점까지 명시되어 있는데, 이는 교황권을 직접적으로 위협하는 것이었다.

### 충성맹세에 대한 논쟁

당시 잉글랜드 가톨릭 사회는 이러한 충성맹세의 도입을 지지하는 사람들과 반대하는 사람들 사이의 대립으로 심각하게 분열되고 있었다.[70] 잉글랜드의 영향력 있는 제주이트였던 로버트 퍼슨즈(Robert Persons, 1546-1610), 러처드 홀트비(Richard Holtby, 1553-1640), 로버트 존스(Robert Jones) 등은 이 충성맹세가 가톨릭 신앙을 심각하게 침해한다고 생각했기 때문에 이 맹세의 도입에 반대했다.[71] 그러나

70 Hibbard, "Early Stuart Catholicism: Revisions and Re-Revisions," pp.28-29.

71 Archives of the Archdiocese of Westminster, A Series [paginated], Ⅷ, 17-20; H. Foley, *Records of the English province of the Society of Jesus* (London, 1875-83), iv, 377, cf. 284; J. P. Sommerville, "Jacobean political thought and the controversy over the oath of allegiance" (Ph. D. dissertation, University of Cambridge, 1981), pp.3-4; Questier, "Loyalty, Religion and State Power in Early Modern England," p.313.

존 머쉬(John Mush, 1551/1552-1612/1613), 베네딕트 파인 토마스 프레스톤(Thomas Preston, 1563-1640), 블랙웰 같은 저명한 성직자들은 이것이 종교적인 양심에 반하는 것이 아니라 세속적인 충성의 문제일 뿐이라고 주장했다.[72] 이들은 충성맹세가 세속적 충성을 왕에게 맹세하는 정치적인 행위일 뿐, 교황에 대한 종교적 충성까지 침해하는 것은 아니라고 보았다. 잉글랜드의 일반 가톨릭교도 중 다수는 교황의 비난에도 불구하고 이 맹세를 받아들였다.[73] 1612년 5월, 조지 버크헤드는 이 충성맹세 때문에 잉글랜드 가톨릭의 이념적 통일이 완전히 부서질 것이 분명하다고 주장했는데,[74] 그의 주장처럼 이 맹세는 —가톨릭 성직자들은 물론이고—성직자들과 속인들 사이의 관계까지 분열시킬 수 있는 사안이었다.

그러나 문제는 이뿐만이 아니었다. 극단주의자들은 잉글랜드 왕이나 의회가 충성맹세를 통해 교황의 권리 일부를 부인하는 행위를 그대로 둘 경우, 이들이 다른 가톨릭 교리도 자신들 마음대로 정의할 수 있다는 인식을 가지게 될 것이라고 걱정했다. "어떻게 잉글랜드 의회가 가톨릭 교리를 검열할 권위를 가지게 되었는가?"라는 요

72 Questier, "Loyalty, Religion and State Power in Early Modern England," p.313.

73 Questier, "Loyalty, Religion and State Power in Early Modern England," pp.313-314. 동시대인들의 의견처럼 이 충성맹세를 연구하는 학자들의 견해도 다양하다. 그들의 견해에 대해서는 Questier, "Loyalty, Religion and State Power in Early Modern England: English Romanism and Jacobean Oath of Allegiance"와 Fincham and Lake, "The ecclesiastical policy of King James Ⅰ", 그리고 출판되지는 않았지만 J. V. Gifford의 박사 논문 "The controversy over the oath of allegiance of 1606" (D. Phil. dissertation, University of Oxford, 1971)과 J. P. Sommerville의 박사 논문 "Jacobean political thought and the controversy over the oath of allegiance" (Ph. D. dissertation, University of Cambridge, 1981) 등을 참조할 수 있다.

74 Archives of the Archdiocese of Westminster, A Series[paginated], xi, 213; Questier, "Loyalty, Religion and State Power in Early Modern England," p.317.

셉 크레스웰의 물음처럼, 교황이 도덕적이고 영적인 문제를 판단할 수 있는 지상 최고의 권위자라고 생각했던 사람들에게 충성맹세는 그러한 교황의 권위를 부정할 뿐 아니라, 또 다른 문제까지 야기할 수 있는 곤란한 문제였다.[75]

제임스의 입장에서도 이 문제는 자신의 왕권과 관계된 아주 중요한 사안이었다. 교황 피우스 5세와 잉글랜드의 가톨릭 추기경 윌리엄 알렌(William Allan, 1532-1594)이 엘리자베스 여왕을 비합법적인 전제군주로 규정하며 그녀의 폐위를 선포한 후, 여왕에 대한 충성과 복종을 거부하라고 신민들에게 요구한 적이 있었다. 심지어 엘리자베스와 그의 후계자들을 파문한다는 교황의 교서 '천상의 통치(*Regnans in excelsis*)'는 엘리자베스 여왕 사후에도 폐기되지 않았다.[76] 제임스는 이전 시대에도 있었던 교황의 국왕 폐위권이나 왕권을 간섭하는 교황의 이데올로기로 인해 잉글랜드 가톨릭교도들이 자신을 공격할 수도 있다고 생각했다. 그리고 실제로 화약 음모 사건이 일어나자 제임스는 이러한 음모를 꾸몄던 사람들이 교황의 이데올로기에 영향을 받았다고 주장했다.[77] 물론 이 이론은 중세 이후 교황 측 이론가들에 의해 끊임없이 주장된 것이었지만, 제임스에게는 자신의 왕권에 대한 실질적인 위협으로 나타난 것이었다. 그러므로 국

---

75 Joseph Cresswell, *A Proclamation Published vnder the Name of Iames, King of Great Britanny; With a Brief & Moderate Answere Thereunto; Whereto Are Added the Penall Statutes Made in the Same Kingdome against Catholikes* (Saint-Omer: English College Press, 1611), p.82; Patterson, *King VI & I and the Reunion of Christendom*, p.81에서 재인용.

76 이것 역시 잉글랜드인들이 가톨릭을 반역적으로 생각하는 이유 중 하나였다.

77 Patterson, *King James VI & I and the Reunion of Christendom*, p.80.

왕 폐위권을 부정하고 제임스의 합법성을 강조하는 충성맹세 조항들은 이런 위협을 피하려는 제임스에게는 꼭 필요한 것들이었다. 나아가 제임스는 이 충성맹세를 통해 자신이 세속과 교회 모두를 지배하는 왕국의 최고 통치자임을 드러내고자 했다.

### 국왕 폐위권에 대한 논쟁

이런 상황에서 제임스는 교황이 세속의 문제에 개입하여 국왕을 파문하거나 폐위할 수 있다는 주장에 대한 이론적 반박에도 심혈을 기울여야 했다. 제임스에게 이런 주장은 멜빌이 주장한 두 왕국 이론의 가톨릭 버전과도 같은 심각한 문제였기 때문이다.[78] 국내에서 시행할 반가톨릭 정책뿐 아니라, 교황 측의 이론적인 위협에도 대항하기 위해 제임스는 잉글랜드 왕권과 그 권위의 기원 문제에 천착했고, 다양한 논쟁과 저작을 통해 자신의 주장을 강화했다. 사실 이것은 교황 측도 마찬가지였다. 이를 두고 교황과 잉글랜드 국왕 사이에 벌어진 논쟁에서 가장 대표적인 역할을 담당했던 사람은 제임스 본인과 이탈리아의 가톨릭 추기경인 로베르토 벨라르미노(Roberto Bellarmino, 1542-1621)였다.[79]

---

78 McCafferty, "The Churches and Peoples of the Three Kingdoms, 1603-1641," p.60. 이와 유사한 언급은 Sommerville, *Politics and Ideology in England, 1603-1640*, p.190을 참조.

79 벨라르미노는 정통 가톨릭 교리를 강의하던 신학 교수이자 추기경이었다. 그는 클레멘트 8세의 명령으로 이단 심판을 담당하기도 했고, 1616년 코페르니쿠스의 『천구의 회전에 관하여』를 조사하기 위해 구성된 위원회의 위원장직을 맡기도 했다. 그는 갈릴레이에게 코페르니쿠스의 천문학을 신봉하지도, 가르치지도 말 것을 요청하기도 했다. 그의 저서 『논박』(*Disputationes de controversiis christianae fidei adversus hujus temporis Haereticos*)은 1581-1593년에 걸쳐 총 4권으로 완성되었는데, 당대의 다양한 종교적 논쟁을 최초로 체계화했다는 의의를 가지고 있다.

벨라르미노는—비록 거절하기는 했지만—교황으로 추대받은 적이 있을 정도로 가톨릭의 교리에 정통한 인물이었고, 따라서 교황 측 입장을 제대로 대변할 적임자였다. 충성맹세에 대한 교황 측 입장은 그가 블랙웰에게 보낸 1607년 9월 18일 자 편지에 잘 드러나 있다. 이 편지에서 벨라르미노는 교황에 대한 의무를 저버리고 제임스에게 충성맹세를 한 블랙웰을 비난하며, 제임스에 대한 충성맹세는 "교회의 수장권이 베드로의 후계자에게서 헨리 8세의 후계자에게로 넘어가도록 의도된 것"이라는 주장을 펼쳤다.[80] 충성맹세에는 교황의 국왕 폐위권을 부인할 목적만 있을 뿐이라고 제임스는 주장하겠지만, 그 속에는 교황권 자체를 부인하려는 의도가 이미 포함되어 있기에, 결국 교황 측 소관인 영적 문제에 일개 국왕이 개입하는 상황이 만들어질 수도 있다는 것이 벨라르미노의 생각이었다.

벨라르미노는 이전에도 『논박』(*Disputationes*)이라는 자신의 저서를 통해 교황의 권한이 국왕의 권한을 제한할 수 있음을 강조한 바 있다. 벨라르미노를 비롯한 가톨릭들은 교황이 신교도 왕을 폐위시키는 것과 같은 세속적인 사건에 간섭하기 위해 자신의 정신적 권위를 사용할 수 있다고 보았다. 왕의 권력은 실용적인 목적에서 신민과의 계약을 통해 만들어졌지만, 교황의 권한은 신으로부터 부여받은 것이며, 또 종교적이고 내면적인 교황의 후견을 통해 세속 정부가 더 고결해질 수 있다는 것이 그러한 주장의 근거였다.[81] 그리고 이러한

---

80 James Ⅰ, *Triplici nodo*, pp.83-84.
81 J. P. Sommerville, "James Ⅰ and The Divine Right of Kings: English politics and Continental Theory" in *The mental world of the Jacobean court*, ed. Linda Levy Peck (Cambridge: Cambridge University Press, 1991), pp.58-59.

생각은 특히 제주이트들의 지지를 받았다. 왕권의 성장을 저지함으로써 도덕적 혹은 종교적인 문제들에 대한 교황의 최고성을 강조할 필요도 있었고, 당시의 정치적 상황에서 가톨릭을 박해하는 국왕에게 대항할 필요도 있었기 때문이었다.

이런 교황 측의 주장을 반박하기 위해 제임스는 익명으로 『충성맹세를 위한 변론』(*Triplici Nodo, Triplex Cuneus. Or an Apologie for the Oath of Allegiance*, 1608)을 출판한다.[82] 원제 *Triplici Nodo, Triplex Cuneus*는 '삼중의 매듭과 삼중의 쐐기'를 의미하는데, 이는 바울 5세가 보낸 편지 두 통과 벨라르미노가 쓴 편지 한 통이 제임스의 왕권을 옭아매는 삼중의 매듭이고, 제임스의 대답은 이러한 삼중의 매듭을 파괴하는 삼중의 쐐기라는 의미를 담고 있다. 제임스는 이 저서에서 교황은 세속 권력자에 대한 복종이 신앙에 위배되는 일인 양 주장하지만, 이에 대한 논리적 근거는 아무것도 제시하지 않고 있다며 불만을 토로한다. 이어서 그는 교황의 국왕 폐위권은 성서나 고대 교부들의 저서 어디에서도 찾아볼 수 없지만, 국왕의 세속적 수위권은 성서적·신학적·역사적 증거를 가지고 있다고 주장하면서 벨라르미노의 주장을 반박한다. 제임스는 또 벨라르미노가 왕을 교황뿐 아니라 신민의 아래에 두었고, 그리고 바로 그런 신민의 권리에 신적인 배경을 제공했다고 맹비난한다. 나아가 벨라르미노가 비난한 충성맹세는 자국 군주에 대한 신민들의 복종을 다룬 것일 뿐이며, 역사적으로 많은 공의회가 이미 인정한 것이라는 주장을 편다.

---

82 David Harris Wilson, "James I and His Literary Assistants," *Huntington Library Quarterly* 8 (1944-1945), pp.38-42; Willson, *King James VI and I*, pp.229-233.

그는 또 왕권은 신으로부터 직접 부여받은 것이기에 신을 제외한 그 누구도 왕에게 책임을 물을 수 없다고 주장하며 교황의 국왕 폐위권을 부정하고 왕권신수설을 강조하였다.[83]

**논쟁의 확대**

벨라르미노에 대한 제임스 1세의 반론은 유럽 대륙에서 교황의 국왕 폐위권에 대한 폭넓은 논쟁을 불러일으켰고, 벨라르미노는 제임스의 『충성맹세를 위한 변론』에 대한 또 다른 반론을 즉각 발표했다. 그는 측근 중 한 사람인 마테우스 토르투스(Matthaeus Tortus)의 이름으로 출판한 『답변』(*Responsio ad Librum Inscriptum, Triplici Nodo, Triplex Cuneus. sive Apologia, etc.*)에서 충성맹세가 단지 국내 문제에 불과하다는 제임스의 주장을 반박하며, 모든 것이 교황수위권과 관계된 신앙의 문제임을 강력하게 주장했다. 또한 교황의 국왕 폐위권이 근거가 없다는 제임스의 주장에 대해서는 교황이 세속 군주보다 더 우위에 있다는 교황수위권은 성서에 근거를 둔 정통 교리로서 모든 가톨릭교도가 이를 믿고 있다고 주장하면서, 충성맹세는 신의 대리인인 교황에 대한 충성을 거부하고 왕에 대해 충성을 서약하는 것이라고 반박하였다.[84]

---

83 *Triplici Nodo, Triplex Cuneus*는 EEBO의 원문과 Sommerville의 편집본 둘 다를 참고했다. King James Ⅰ, *Triplici nodo*, pp.105-109; James VI & I, *King James VI & I, Political Writings*, pp.128-129; 강미경, 「제임스 1세 왕권신수설 형성의 정치적 배경」, p.327.

84 Charles H. McIlwain, *The Political Works of James I* (Cambridge: Harvard University Press, 1918; reprint ed. Clark, New Jersey: The Lawbook Exchange, Ltd, 2002), lxi.

이러한 벨라르미노의 『답변』에 대해 제임스 역시 또 다른 반격을 준비했다. 우선 그는 치체스터의 주교(bishop of Chichester) 랜슬롯 앤드루스(Lancelot Andrewes, 1555-1626)를 시켜 벨라르미노의 주장에 대한 반론을 발표하게 했다. 앤드류스는 1604년 햄프턴 코트 종교회의 국교 측 대표자 중 한 명이었고 제임스의 흠정역 성서 편찬 계획의 총괄 편집자(general editor)이기도 했으므로 제임스의 정치·종교적 입장을 잘 이해하고 있었다. 그는 1609년에 출판한 『고문』(*Tortura Torti, Sive Ad Matthaei Torti Librum Responsio*)에서 "군주들이 교황에 의해 파문 또는 폐위될 수 있다는, 혹은 그들의 신민들이나 또 다른 이들에 의해 폐위되고 살해될 수 있다는 혐오스러운 교리나 입장은 불경스럽고 이단적인 것이며, 나는 이를 혐오한다."라고 썼다. 그는 또 "교황은 왕의 영토 내에서 그를 폐위하거나, 다른 군주에게 그의 나라를 침략하도록 허가하거나, 신민들에게 그들의 왕에 대한 충성을 거부하도록 할 수 없다."라고 주장했는데,[85] 이는 충성맹세를 통해 제임스가 주장했던 내용과 거의 비슷한 것이었다. 같은 해에 일리 주교(bishop of Ely)가 된 그는 이후에도 『벨라르미노 추기경의 변론에 대한 답변』(*Responsio ad Apologiam Cardinalis Bellarmini*)을 통해 벨라르미노와 계속해서 논쟁을 벌였다.[86]

가톨릭에 대한 제임스의 반격을 지원했던 또 다른 인물로는 두 명의 바클레이(William Barclay, 1546-1608, John Barclay, 1582-1621)를 들 수

85 Lancelot Andrewes, *Tortura Torti, sive ad Matthaei Torti librum responsio*, ed. J. H. Parker (1851), p.23. Google e-book. 이 논문은 영문으로 번역되어 있다.

86 Lancelot Andrewes, *Responsio ad Apologiam Cardinalis Bellarmini* (London: Robert Barker, 1610),

있다. 그중 아들인 존은 아버지의 유고작『교황의 권한에 대하여』(*De potestate Papae*)를 새로 편집하여 1609년에 출간했는데, 이는 가톨릭에 대항해 왕의 권위를 주장한 대표적인 저작이 되었다.[87] 존에 따르면 벨라르미노와 다른 가톨릭 신학자들의 주장은 "모든 자연적인 과정을 전복시키는 것이고, 다른 이들을 지배하는 힘 혹은 권위를 누구도 이용할 수 없게 만드는" 고약한 것이었다. 그는 교황이 왕을 파문할 수 있다는 가톨릭의 주장에 대해서도 반박했는데, 교황이 비록 왕을 파문했다 하더라도 그것은 어떤 정치적 영향력도 가질 수 없으며, 인간의 영적 욕구를 관장하는 교황이 현세적 욕구를 관장하는 왕을 간섭해서는 안 된다는 것이 그 요지였다.[88] 그러자 벨라르미노는 1610년『세속 권력에 관하여』(*De Potestate Summi Pontificis in Rebus Temporalibus*)를 출간하며 다시 반격을 가했는데, 이들의 논쟁은 이후에도 계속되었다.

제임스도 같은 해에「기독교 군주에 대한 경고」(Premonition to Christian Prince)[89]라는 제목이 붙은 서문을 추가한『충성맹세를 위한 변론』새 편집본을 이번에는 자신의 이름으로 출판하였다. 호소문 같은 긴 서문에서 그는 교황이 성서에 근거하여 세속의 국왕보다 우위의 권력을 가지고 왕을 즉위시키거나 폐위시킬 수 있다는 가톨릭의 논리가

---

87 John Barclay, *De potestate Papae: an et quatenus in reges et seculares jus et imperium habeat* (1611). English edition, *Of the Authoritie of the Pope: Whether, and How Farre Forth, He Hath Power and Authoritie ouer Temporall Kings and Princes* (London: Arnold Hatfield for William Aspley, 1611).

88 John Barclay, *De potestate Papae*, p.4; Burns, "George Buchanan and the anti-monarchomachs," pp.17-22.

89 원제는 *Premonition to All Most Mightie Monarches, Kings, Free Princes, and States of Christendome*이다.

세속의 지배자인 군주의 권리를 위협하고 있다고 주장했다.[90] 이후 제임스는 이 책을 라틴어로 번역한 후 화려하게 제본해서 신성로마제국 황제인 루돌프 2세(Rudolph II, 1552-1612)와 유럽의 모든 군주에게 보냈다. 이는 다른 유럽 군주들이 자신의 주장에 동의하기를 바랐기 때문이겠지만, 유럽 기독교 통합의 지도자라는 자신의 오랜 목표를 실현하려는 의도도 있었을 것이다.

### 왕권 옹호를 위한 노력

교황 측의 주장을 이론적으로 반박하려는 제임스의 노력은 이후로도 계속되었다. 이런 상황에서 제임스와 벨라르미노, 제임스와 가톨릭 사이의 논쟁은 자신들 혹은 대리인들을 통해 계속되었고, 양측은 저서 출판을 통해 각자의 주장을 더욱 강화하였다. 제임스는 가톨릭의 국왕 폐위권을 반박하고 왕권을 옹호하는 학자라면 국적과 무관하게 보호하고 후원했다. 그가 벨라르미노에 대한 반박서를 구상할 때 도움을 주었던 바클레이나, 교황이 세속의 문제에 관여하기 위해 영적인 권위를 사용할 수 있다고 주장한 뒤 페론(Jacques Davy Duperron, 1556-1618) 추기경에 대한 반론인 『왕권에 대한 제임스 1세의 충고』(*Declarlation du serenissime roy Jacques I*)를 준비할 때 도움을 준 피에르 뒤 물린(Pierr Du Mulin, 1568-1658) 같은 인물을 후원한 것도 모두 이 같은 이유에서였다.[91]

90 McIlwain, *The Political Works of James I*, lxi.

91 이 외에 제임스가 후원한 인물로는 교황이 베니스의 성무 금지 명령을 내렸을 때 베니스 사람들을 옹호하는 글을 썼던 아이작 카조봉(Issac Casaubon), 마크 안토니오 드 도미니스(Marc Antonio De Dominis) 그리고 잉글랜드 왕의 절대권을 강조하는 저서 『왕의 권위』

반대로 제임스는 자신의 입장에 반대하거나 자신을 비난하는 인물을 비난하고 처벌하기 위해서라면 타국에 대한 내정 간섭도 불사했다. 제임스를 '이단자'라고 비난했던 라이덴 대학교(University of Leiden)의 교수 보르스티우스(Conrad Vorstius, 1569-1622)를 해고하도록 네델란드 정부에 압력을 넣은 것이 그 대표적 예라 할 수 있다.[92] 이 밖에도 제임스는 『궁중의 자랑』(*Corona Regia*)을 저술해 자신의 허약한 신체와 동성애적 취향을 풍자했던 가톨릭 저자를 처벌하기 위해 헨리 워튼(Henry Wotten)을 특사로 브뤼셀에 파견하기도 했다.[93] 나아가 제임스는 왕의 수위권을 방어하고 논쟁적인 로마 저자들의 글에 대처할 학자들을 육성하기 위해 애썼다. 1609년 런던 첼시 대학(Chelsea College)의 설립을 후원한 것도 같은 맥락에서 이해할 수 있다.[94]

화약 음모 사건에서 드러났듯이, 제임스는 이론적인 위협이 실제적인 위협으로 바뀔 수 있다고 생각했기에 가톨릭교도들이나 교황측과의 이론적인 논쟁에도 심혈을 기울였다. 그 논쟁에는 제임스 본

---

(*De Imperandi Authoritate*)를 출판했던 하드리안 사라비아(Hadrian Saravia) 등이 있다.

92 James Ⅰ, *His Majesty's Declaration concerning Proceedings with the States Generall of the United Provinces of the Low Countries in the Cause of D. Conrad Vorstius* (1612); Earl Morse Wilbur, *A History of Unitarianism* (Cambridge: Harvard University Press, 1945), pp.541-542; Frederick Shriver, "Orthodoxy and Diplomacy: James Ⅰ and the Vorstius Affair," *English Historical Review* 85, no. 336 (1970), pp.449-474; Christopher Durston, "James Ⅰ and Protestant Heresy," in *James VI and Ⅰ-Ideas, Authority, and Government*, ed. Ralph Houlbrooke (London: Ashgate, 2006), p.126.

93 Sommerville, "James Ⅰ and The Divine Right of Kings: English politics and Continental Theory," p.59. *Corona Regia*를 『궁중의 자랑』으로 번역한 것은 일종의 의역이다.

94 McCafferty, "The Churches and Peoples of the Three Kingdoms, 1603-1641," p.60.

인은 물론이고, 앤드루스나 바클레이와 같은 국왕 대리인들까지 적극적으로 나섰다. 설령 왕이 폭군이 된다 해도 신민들은 왕을 거역할 수 없고, 왕에 대한 반란은 신에 대한 반란과 다를 바 없다는 것이 그들의 일관된 주장이었다. 그들은 또 나라를 다스리는 법의 근원은 왕이므로 교황이 왕을 파문할 수 있다는 가톨릭의 주장은 정치적으로 아무런 영향력을 미치지 못한다고 강조했다. 이는 물론 제임스가 신봉한 왕권신수설적인 주장의 반복이었다. 제임스는 이런 논쟁을 통해 가톨릭의 이론을 반박한 것은 물론, 전 유럽의 종교적 지도자로서 자신의 위상을 드높이려 했다.

**아르벨라 스튜어트(Arbella Stuart, 1575-1615)** | 제임스와 사촌 사이로 두 사람 모두 잉글랜드 공주 마거릿 튜더(Margaret Tudor, 1489-1541)의 후손들이다. 그들은 모두 잉글랜드 왕위 계승권을 가지고 있었다. 아르벨라는 가톨릭교도였기 때문에 잉글랜드 가톨릭교도 중 일부는 그녀의 왕위 계승을 지지하기도 했다.

# 에필로그

제임스 6세 겸 1세의 종교 정책

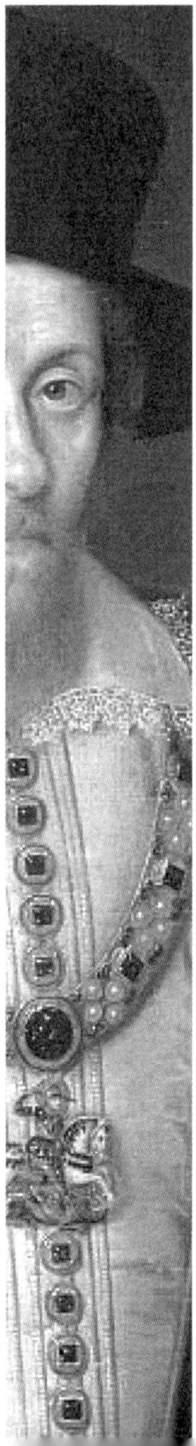

헨리 헤이스팅스, 아르벨라 스튜어트, 스페인의 이사벨라 공주에 이르기까지 엘리자베스 여왕의 뒤를 이어 잉글랜드 왕위에 오를 후보가 여럿 존재했지만, 스코틀랜드 왕 제임스의 가치는 이들에 비할 바가 아니었다. 우선 그는 잉글랜드와 스코틀랜드 사이에 존재했던 오랜 적대관계를 청산하고 두 나라를 하나의 권력으로 통합시킬 수 있었다. 또한 그는 다른 후보들과는 달리 거친 스코틀랜드 귀족들과 강력한 장로교회에 맞서 자신의 나라를 다스린 경험이 있었다. 게다가 건강한 남자 계승자도 둘이나 있었기에 오랜 세월 후계자 문제에 시달렸던 잉글랜드의 걱정도 덜 수 있었다. 잉글랜드의 입장에서 이는 아주 구미가 당기는 조건들이었다.

반대로 제임스의 입장에서도 잉글랜드의 왕위 계승은 아주 중요한 의미가 있었다. 잉글랜드·스코틀랜드·아일랜드의 지배자로서 이전보다 훨씬 넓은 영토를 가질 수 있게 되고, 더 크고 화려한 궁전, 스코틀랜드와는 비교할 수 없는 넉넉한 재정 상황을 물려받게 될 것이기 때문이다.

그러나 그가 물려받은 종교적 상황은 아주 복잡했다. 제임스가 다스리게 된 세 왕국이 서로 대립하는 상이한 종교를 가지고 있었기 때문이다. 당시 종교와 정치의 밀접한 관계를 생각할 때 이는 매우 중대한 문제였다. 제임스가 잉글랜드 왕위 계승을 통해 얻고자 했던 것 중 가장 중요한 것은 세속과 교회를 함께 지배하는 강력한 왕권이었다. 그런데 이는 종교적인 조화 없이는 얻기 힘든 것이었다. 이런 이유로 제임스는 종교 정책에 지대한 관심을 기울였다.

제임스는 어머니인 메리 여왕을 폐위시킨 스코틀랜드 교회와 장로교 귀족들에 의해 태어난 지 열세 달 만에 즉위했다. '두 왕국 이론'을 신봉하던 스코틀랜드 교회는 그를 강력한 군주라기보다는 교회의 세속 대리인으로 취급했다. 그러했기에 스코틀랜드 귀족들은 제임스를 자신들의 권력 다툼에 이용했고, 그런 와중에 제임스가 납치당하는 일이 벌어지기도 했다.

게다가 당시 스코틀랜드에서는 위그노의 저항이론이 위세를 떨치고 있었다. 왕권이 신민에게서 유래했으며, 따라서 올바르게 통치하지 않는 왕은 권리를 빼앗기거나 죽임을 당할 수도 있다는 이 이론은 왕권에 대한 직접적인 위협이었다. 자신의 안전과 왕권을 지킬 수단이 필요했던 제임스는 장로교를 강요하는 스승의 가르침과는 달리 대륙의 왕권신수설에 심취했고, 보댕과 같은 절대주의 사상가들의 저서를 탐독했다. 그는 저항이론에 대한 비판을 통해 자신의 절대주의 이론을 확립해 나갔고, 친정(親政)을 시작한 이후에는 자신의 이론을 현실 정치에 반영시키려 했다.

그의 종교 정책이 시작된 곳은 스코틀랜드였는데, 이곳에서 제임스와 장로교의 관계는 시기별로 상이했다. 물론 처음에는 장로교 우위의 일방적인 관계였다. 장로교도들은 대관식 때부터 왕과 신민 사이의 계약과 저항이론을 들먹이며 왕권을 제한하려 했고, 엄격한 장로교 이론가 뷰캐넌은 교육을 통해 스코틀랜드 왕의 기원과 한계를 제임스에게 주입하려고 했다. 그러나 제임스가 성장하면서 이들의 관계는 변하기 시작했다. 장로교를 지배하기 위해 제임스는 먼저 스코틀랜드 교회의 가장 중요한 의사 결정 기관인 총회를 통제하려고 했다. 그는 총회의 소집뿐 아니라 소집 장소와 시일까지 자신이 결정하도록 유도함으로써 총회를 지배했다. 그는 또 스코틀랜드 교회에 잉글랜드 스타일의 주교제를 도입했다. 스코틀랜드 교회에 왕이 선택한—따라서 왕의 의지를 대변해 줄—주교들을 투입하여 장로교 조직에 미치는 왕의 영향력을 높이겠다는 계산이었다. 잉글랜드 왕위 계승 후 제임스의 장로교 정책은 자신의 신념을 보다 적극적으로 드러내는 방향으로 전환되었다. 퍼스 5개 조항의 도입은 바로 이러한 상황의 산물이었다. 이는 잉글랜드의 교회 의식을 스코틀랜드에 강요한 것이었는데, 스코틀랜드 교회는 왕이 지배하는 잉글랜드 교회의 모습을 떠올리며 이 조항 도입에 반대했다. 그러나 제임스는 퍼스 5개 조항에 대한 인정이 자신의 왕권에 대한 인정이라고 생각하고 있었다. 그는 강요와 타협으로 스코틀랜드 교회를 압박했고, 결국 자신의 뜻대로 이를 관철했다. 하지만 이후 주교들이 이 조항들을 슬그머니 철회하려는 것에는 크게 신경 쓰지 않았다. 이는 스코틀랜드인들의 성향을 잘 알고 있던 제임스가 자신의 왕권에 대한 인정이라는 실리를 취한 후 적절히 타협한 것으로 볼 수 있다.

제임스의 종교적 입장은 매우 분명했다. 그는 자신의 왕권을 인정하고 복종하는 경우에는 개인적 선호와는 관계없이 해당 종교를 용인하는 정책을 썼다. 이런 이유로 그는 왕권을 제한하려는 장로교보다는 잉글랜드 국교에 더 이끌렸고, 이것이 자신의 왕권신수설 이론에 더 적합하다고 생각했다. 1610년 성실청에서 제임스는 잉글랜드 교회가 다른 어떤 나라의 교회보다 신의 말씀에 더 적합하게 설립되었다고 상찬한 바 있는데, 이 또한 같은 맥락에서 이해할 수 있다.

그러나 제임스는 어떤 하나의 종교적 입장으로 보이는 것은 피하려고 노력했다. 이는 다양한 종교 세력들 사이의 조화를 통해 자신의 지지 기반을 강화하기 위해서였지만, 유럽의 종교 중재자가 되고 싶은 그의 야심 때문이기도 했다.

제임스가 일부 가톨릭교도나 청교도를 싫어한 것은 그들의 신앙 때문이 아니었다. 그는 왕을 폐위할 수 있다는 교황의 주장과 그것을 신봉하는 사람을, 왕으로부터 교회를 분리시켜 왕권을 제한하려는 주장과 그것을 신봉하는 세력을 싫어했을 뿐이다. 이런 측면에서 보면, 제임스가 청교도와 가톨릭교도에게 사용한 전략은 사실상 동일한 것이었다. 그가 자신에 대한 충성을 기준으로 급진파와 중도파를 구분한 후, 중도파에게는 관용을 베풀어 국교회 속으로 끌어들이고, 급진파는 박해하는 전략을 양측에 똑같이 적용했기 때문이다. 햄프턴 코트 종교회의는 청교도들을 급진파와 중도파로 구분하는 하나의 계기가 되었고, 왕이 종교 정책을 통해 추구하는 바가 종교적인 것이 아니라 교회를 지배하는 왕권에 있음을 분명하게 보여주었다.

물론 큰 틀에서 보면 제임스는 잉글랜드 국교라는 하나의 그릇 속에 다양한 종교를 담아내려 했던 인물이었다. 그리고 바로 이런 이유로 중도적인 청교도들조차 종종 불만에 휩싸이곤 했다. 청교도들은 잉글랜드 국교가 칼뱅주의를 기본 신조로 하는 프로테스탄트 교회이며, 형식적인 측면에서만 자신들의 이상과 조금 다를 뿐이라고 생각했기 때문이다. 그러다 보니 제임스와 청교도 세력은 안식일이나 예정설 같은 사안에서 이견을 드러냈다. 그들은 왕이 아르미니우스주의에 경도되어 있다고 의심했다. 결국 이 문제가 자신의 정치적 이익을 위협할 수 있겠다는 생각이 든 제임스는 칼뱅주의 이념을 지지하는 도르트 종교회의를 이용해 청교도들을 안심시켰다. 왕권이 위험에 처하자 자신의 종교적 입장을 수정했던 것이다. 이러한 점 역시 그가 종교 정책을 통해 추구하려는 바가 무엇이었는지를 잘 보여준다.

제임스 시대에는—그 이전 시대와는 달리—온건한 가톨릭과 퓨리턴까지를 포함하는 광범위한 교회가 만들어졌다. 그의 치세 동안 가톨릭과 퓨리턴 양쪽에서의 반격이 없었던 것은 아니지만, 제임스는 이에 유연하게 대처했다. 제임스에게는 국가의 종교가 무엇인지가 아니라, 각 종교에서 왕권의 위치가 어떠한지가 더 중요했다. 그는 국교회와 장로교의 의식 통일을 추구했는데, 이 과정에서 그가 국교회 의식으로의 통일을 추구한 것은 왕권의 위상이 국교회에서 훨씬 더 높고 견고했기 때문이다. 제임스가 성직자들과 신민들에게 요구한 것은 교회와 국가를 지배하는 자신의 권리였다.

## 제임스 6세 겸 1세 관련 연표

1566 스코틀랜드 메리 여왕(Mary, Queen of Scots)과 단리 경(Lord Darnley, Henry Stuart)의 아들로 태어남
메리 여왕의 비서 데이비드 리치오(David Rizzio)가 단리 경에게 살해당함
1567 단리 경 사망
메리 여왕의 폐위와 잉글랜드로의 망명
스코틀랜드 제임스 6세(James VI)로 즉위
1570 조지 뷰캐넌(George Buchanan)이 제임스의 스승으로 임명됨
1578 친정 시작
1582 루스벤 습격 사건(Raid of Ruthven) 발발
1584 암흑법(Black Acts) 제정
1587 메리 여왕 사망
1589 덴마크 프레드릭 2세(Frederick II)의 딸 앤(Anne of Denmark)과 결혼
1592 황금법(Golden Act) 제정
1594 장남 헨리 왕자(Henry Frederick, Prince of Wales) 출생
1596 에든버러 폭동(Edinburgh Riot) 발발
1598 『자유 군주국의 진정한 법』(*The True Law of Free Monarchies*) 출판
1599 『바실리콘 도론』(*Basilikon Doron*) 출판
1600 차남 찰스 왕자(Prince Charles) 출생
1603 청교도들이 대관식을 위해 런던으로 가고 있던 제임스에게 천인청원(Millenary Petition) 전달. 잉글랜드의 제임스 1세로 즉위. 공식 명칭은 제임스 6세 겸 1세(James VI & I )
1604 햄프턴 코트 종교회의(Hampton Court Conference) 주최
첫 의회 소집
1605 화약 음모 사건(Gunpowder Plot) 발발
1606 베이트 사건(Bates's Case) 발생

1610 왕과 의회 간의 대계약(Great Contract) 체결

1611 앤드류 멜빌(Andrew Melville) 추방
흠정역 성서(King James Version) 출간

1614 두 번째 의회 소집

1617 스코틀랜드 방문

1618 퍼스 5개 조항(Five Articles of Perth)의 도입
『스포츠의 서』(*Declaration on Sports*) 발간
30년 전쟁(Thirty Years War) 발발
도르트 종교회의(Synod of Dort)에 잉글랜드 대표단 파견

1621 세 번째 의회 소집

1623 스페인과의 결혼 협상

1624 네 번째 의회 소집. 이 의회에서 아르미니안주의(Arminians)에 대한 적의가 표출됨

1625 스페인과의 전쟁 발발, 제임스 사망

# 참고문헌

## 1. 1차 사료

### 1) 제임스 1세의 저서와 연설문

*Basilikon Doron*. Edinburgh: 1599.

*The Trew Law of Free Monarchies*. Edinburgh: 1598.

*Speech to Parliament of 19 March 1604*. London: 1604.

*Speech to Parliament of 9 November 1605*. London: 1605.

*Speech to Parliament of 31 March 1605*. London: 1604.

*Triplici nodo, triplex cuneus or Apology for the Oath of Allegiance*. London: 1607.

*Speech to Parliament of 21 March 1610*. London: 1610.

*Speech in the Starre-Chamber of 20 June 1616*. London: 1616.

*His Majesties Declaration, Touching his Proceedings in the Late Assemblies and Convention of Parliament*, 1622. London: 1622.

### 2) 기타

Andrewes, Lancelot. *Tortura Torti, sive ad Matthaei Torti librum responsio*. Edited by J. H. Parker. 1851.

Barclay, John. *De potestate Papae: an et quatenus in reges et seculares jus et imperium habeat*, 1611; English edition, *Of the Authoritie of the Pope: Whether, and How Farre Forth, He Hath Power and Authoritie ouer Temporall Kings and Princes*. London: Arnold Hatfield for William Aspley, London: 1611.

Barlow, William. *Summe and Substance of the Conference*. London: imprinted by Iohn Windet for Mathew Law, 1604.

Blackwell, George. *His Answeres vpon Sundry His Examinations; Together with His Approbation and Taking of the Oath of Allegeance; And His Letter Written to His Assistants and Brethren, Moouing Them Not Onely to Take the Said Oath but to Aduise All Romish Catholikes So to Doe*. London: Robert Barker, 1607.

Buchanan, George. *De Jure Regni Apud Scotos*. Edinburgh: 1579. Translated by Charles Finn Arrowood. Austin: University of Texas Press, 1949.

Calderwood, David. *History of the Kirk of Scotland*. edited by Thomas Thomson. Edinburgh: Wodrow Society, 1845.
Calderwood, David. *Perth assembly*. Leiden: William Brewster, 1619.
Carleton, George. *An Oration Made at the Hage before the Prince of Orange and the Assembly of the High and Mighty Lords, the States Generall of the Vnited Provinces*. London: Ralph Rounthwait, 1619.
Church of Scotland, *The doctrine and discipline of the Kirke of Scotland*. London: Rob Young, 1641.
Cresswell, Joseph. *A Proclamation Published vnder the Name of Iames, King of Great Britanny; With a Brief & Moderate Answere Thereunto; Whereto Are Added the Penall Statutes Made in the Same Kingdome against Catholikes*. Saint-Omer: English College Press, 1611.
Fuller, T. *The Church History of Britain*. Edited by D. J. Nichols. London: William Tegg, 1868.
Larkin, J. F. and Hughes, P. L., eds. *Stuart Royal Proclamation*. vol. Ⅰ, *Royal Proclamations of King James I, 1603-1625*. Oxford: Clarendon Press, 1973.
Mair, Jonh. *History of Greater Britain*. Paris: 1521.
Seldon, John. *Historie of Tithes*. London: 1618.
Spottiswood, J. *The history of the Church of Scotland, beginning in the year of our Lord 203 and continued to the end of the reign of King James the VI of ever blessed memory*. London : Printed by J. Flesher for R. Royston. 1655.
*The Answer of the Vice Chancellor, the Doctors, both Proctors, and the Other Head of the Houses in the University of Oxford etc. to the Humble Petition of the ministers of the Church of England, desiring Reformation of Certain Ceremonies and Abuses of the Church, Dedicated to the Archbishop of Canterbury, Lord Buckurst, Lord Cecil and the Privy Council*. Oxford: 1603.
Weldon, Anthony, *The Court and Character of King James*. London : Printed by R. I. 1650.
White, Francis. *A Treaties of the Sabbath-day*. London: Richard Badger, 1635.

## 2. 2차 사료

### 1) 국외 자료

#### A. 단행본

Allen, J. W. *A History of Political Thought in Sixteenth Century*. London:

Methuen, 1957.
Ashton, Robert. *James I, By His Contemporaries*. London: Hutchinson & Co, 1969.
Bodin, Jean. *Six Livres de la Republique*. Edited by K. D. MacRae. Cambridge Mass.: Harvard University Press, 1991.
Bourdin, Bernard. *The TheologicalPolitical Origins of the Modern State – The Controversy between James I of England & Cardinal Bellarmine*. Translated by Susan Pickford. Washington D. C.: The Catholic University Press, 2010.
Bray Gerard, ed. *Documents of the English Reformation*. Cambridge: James Clark & Co., 2004.
Brown, Keith. *Kingdom or Province?; Scotland and the Regal Union, 1603-1715*. London: Palgrave Macmillan, 1992.
Brown, Peter Hume. *George Buchanan: Humanist and Reformer, A Biography*. Edinburgh: David Douglas, 1890.
Buchanan, George. *George Buchanan's Law of Kingship*. Edited by Roger A. Mason and Martin S. Smith. Edinburgh: Saltire Society, 2006.
Burgess, Glenn. *The Politics of the Ancient Constitution – An Introduction to English Political Thought 1603-1642*. Hampshire and London: Macmillan Press, 1992.
______. *The Politics of the Ancient Constitution: An Introduction to English Political Thought, 1603-1642*. University Park: Pennsylvania State University Press, 1993.
______. *Absolute Monarchy and The Stuart Constitution*. New Haven: Yale University Press, 1996.
Cameron, Nigel M. de S., ed., *Dictionary of Scottish Church History & Theology*. Edinburgh: T & T Clark, 1993.
Cannon, John, ed. *The Oxford Companion to British History*. Oxford: Oxford University Press, 1997.
Carrier, Irene. *James VI and I-King of the Great Britain*. Cambridge: Cambridge University Press, 1998.
Coffey, John. *Persecution and Toleration in Protestant England 1558-1689*. Harlow: Longman, 2000.
Collinson, Patrick. *The Elizabethan Puritan Movement*. London: Jonathan Cape Ltd, 1967.
______. *The Religion of Protestant*. Oxford: Oxford University Press, 1982.
Cook, Chris. and Wroughton, John. *English Historical Facts 1603-1688*. London: Palgrave Macmillan, 1980.
Croft, Pauline. *King James*. New York: Palgrave Macmillan, 2003.
Dawson, Jane, E. A. *Scotland Re-Formed, 1488-1587*. Edinburgh: Edinburgh

University Press, 2007.

Dickinson, W. C. Donaldson, eds. *A Source Book of Scottish History*. vol. 3. Edinburgh: Thomas Nelson & Sons Ltd. 1961.

Donaldson, Gordon. *The Making of the Scottish Preyer Book of 1637*. Edinburgh: Edinburgh University Press, 1954.

______. *The Scottish Reformation*. Cambridge: Cambridge University Press, 1960.

Durkan, J. and Kirk, J. *The University of Glasgow, 1451-1577*. Glasgow: Glasgow University Press, 1977.

Figgis, J. N. *The theory of the divine right of kings*. Cambridge: Cambridge University Press, 1896.

______. *Studies of Political Thought from Gerson to Grotius*, 2nd ed. Cambridge: Cambridge University Press, 1931.

Fincham, Kenneth. *The Early Stuart Church, 1603-1642*. Basingstoke, London: Macmillan, 1993.

______. *Prelate as Pastor-The Episcopate of James Ⅰ*. Oxford: Clarendon Press, 2003.

Foster, W. R. *The Church before the Covenants, The Church of Scotland 1596-1638*. Edinburgh: Scottish Academic Press, 1975.

Fraser, Antonia. *The Gunpowder Plot: Terror and Faith in 1605*. London: Phoenix, 2005.

Galloway, Bruce. *The Union of England and Scotland, 1603-1608*. Edinburgh: John Donaldson Press, 1986.

Gatherer, W. A. *The Tyrannous Reign of Mary Stewart. George Buchanan's Account*. Edinburgh: Edinburgh University Press, 1958.

Goodare, Julian. *State and Society in Early Modern Scotland*. Oxford: Oxford University Press, 1999.

Heal, F. *Of Prelates and Princes: A Study of the Economic and Social Position of the Tudor Episcopate*. Cambridge: Cambridge University Press, 1980.

Henderson, Thomas F. *The casket letters and Mary queen of Scots: with appendices*. London: A. and C. Black, 1889.

Hume, David. *The History of Great Britain, The Reigns of James Ⅰ and Charles Ⅰ*. Edited by Duncan Forbes. London: Penguin, 1970.

Kenyon, J. P. *The Stuart Constitution*. Cambridge: Cambridge University Press, 1965.

Kirk, J., ed. *The Second Book of Discipline: with an Introduction and Commentary*. Edinburgh: Saint Andrew Press, 1980.

Lane, Jane. *The Reign of King Covenant*. London, Robert Hale, 1956.

Lake, P. G. *Anglicans and Puritans? Presbyterianism and English Conformist Thought from Whitgift to Hooker*. London: Unwin Hyman, 1988.

Lee, Maurice. *Great Britain's Solomon: James VI and I in His Three Kingdoms*. Urbana: University of Illinois Press, 1990.

Lisle, Leanda de. *After Elizabeth-The Death of Elizabeth and the Coming of King James*. London, New York, Toronto and Sydney: Harper Perennial, 2006.

Loemker, Leroy. *Struggle for synthesis, The seventeenth century background of Leibniz's synthesis of order and freedom*. Cambridge, Mass.: Harvard University Press, 1972.

Loomie, Albert J. *Spain and the Early Stuart, 1585-1655*. London: Ashgate Variorum, 1996.

Lynch, Michael. *Scotland, A New History*. London: Pimlico, 1992.

Mason, Roger A. Smith, Martin S. and Buchanan, George. *A Dialogue on the Law of Kingship Among the Scots: A Critical Edition and Translation of George Buchanan's De Jure Regni Apud Scotos Dialogus*. Farnham: Ashgate Publishing, 2004.

McClure, N. E. ed., *Letters of John Chamberlain*. Philadelphia; American Philosophical Society, 1939.

McCrie, T. *Life of Andrew Melville*. Edinburgh: W. Blackwood, 1819.

McIlwain, Charles H. *The Political Works of James I*. Cambridge: Harvard University Press, 1918; reprint ed., Clark: The Lawbook Exchange, Ltd, 2002.

McLaughlin, Finola. *Door to the Past*. Dublin: Floens, 2002.

Melville, J. *The Autobiography and Diary of Mr James Melville*. Edited by R. Pitcairn. Edinburgh: Woodrow Society, 1842.

Morison, W. *Andrew Melville*. Edinburgh: Oliphant, Anderson & Ferrier, 1899.

Morrill, John. *The Nature of the English Revolution: Essays*. Harlow: Longman, 1993.

Mullan, David George. *Episcopacy in Scotland-The History of Idea, 1560-1638*. Edinburgh: John Donald Publishing Ltd., 1986.

______. *Scottish Puritanism, 1590-1638*. Oxford: Clarendon Press, 2000.

Newton, Diana. *Papists, Protestants and Puritans, 1559-1714*. Cambridge: Cambridge University Press, 1998.

Notestein, Wallace. *The House of Commons, 1604-1610*. New Haven: Yale University Press, 1971.

______. Wallace. *The Winning of Initiative by the House of Commons*. London: British Academy, 1924.

Parkinson, Northcote. *Gunpowder Treason and Plot*. London: Weidenfeld and Nicolson, 1976.

Patterson, W. B. *King James VI and I and Reunion of Christendom*. Cambridge: Cambridge University Press, 1997.

Prior, Charles W. A. *Defining the Jacobean Church-The Politics of Religious Controversy, 1603-1625*. Cambridge: Cambridge University Press, 2005.

Richardson, R. C. *The Debate on the English Revolution Revisite*. London: Routledge, 1989.

Rollock, R. *Select Works*, ed. W. M. Gunn. Edinburgh: Wodrow Society, 1844-1849.

Russell, Conrad. *Parliaments and English Politics 1621-1629*. Oxford: Clarendon Press, 1979.

______. *Unrevolutionary England, 1603-1642*. London: The Hambledon Press, 1990.

______. *The causes of the English Civil War*. Oxford: Oxford University press, 1991.

Salmon, J. H. M. *The French Religious Wars in English Political Thought*. Oxford: Clarendon Press, 1959.

Seel, Graham E. *Regicide and Republic-England 1603-1660*. Cambridge: Cambridge University Press, 2001.

Seel, Graham E. & Smith, David L. *Crown and parliament, 1558-1689*. Cambridge: Cambridge University Press, 2001.

Skinner, Quentin. *The Foundation of Modern Political Thought*. Cambridge: Cambridge University Press, 1978.

Smith, David. *A History of the Modern British Isles, 1603-1707*. Oxford: Blackwell, 1998.

Sommerville, J. P., ed. *Patriarcha and Other Writings*. New York: Cambridge University Press, 1991.

______. *Politics and Ideology in England 1603-1640*. London, New York: Longman, 1986.

Stevenson, David. *Scotland's Last Royal Wedding-The Marriage of James VI and Anne of Denmark*. Edinburgh: John Donald Publishing, 1997.

______. *The Scottish Revolution 1637-44*. Newton Abbot: David & Charles, 1973.

Stewart, L. A. M. *Urban Politics and British Civil Wars*. Leiden, Boston: Brill, 2006.

Tanner, J. R. *Constitutional Documents of the Reign of James I, 1603-1625 with an Historical Commentary*. Cambridge: Cambridge University Press, 1930.

Tierney, M. A., ed. *Dodd's Church History of England from the Commencement of the Sixteenth Century to the Revolution in 1688*. London: C. Dolmen, 1839-1843.

Todd, M. *The Culture of Protestantism in Early Modern Scotland*. New Haven: Yale University press, 2002.

Tyacke, Nicholas. *Anti-Calvinists: The Rise of English Arminianism, c. 1590-*

*1640*. Oxford: Oxford University Press, 1987.

Vance, Laurence M. *King James, His Bible, and its Translators*. Orlando: Vance Publications, 2006.

Vos, J. G. *The Scottish Covenanters*. Edinburgh: Blue Banner Production, 2001.

White, Jason *Militant Protestant and British Identity, 1603-1642*. London: Pickering & Chatto, 2012.

Wilbur, Earl Morse. *A History of Unitarianism*. Cambridge, Mass: Harvard University Press, 1945.

Willson, David Harris. *King James VI & I*. London: Jonathan Cape, 1963.

Wormald, Jenny, ed. *The Seventeen Century*. Oxford: Oxford University Press, 2008.

______. *Court, Kirk and Community: Scotland 1480-1625*. London: Hodder Arnold, 1981.

### B. 논문

Brown, Jennifer M. "Scottish Politics," In *The Reign of James VI and I*, edited by A. G. R. Smith. London, 1973.

Brown, K. "Scottish Identity in the Seventeenth Century," In *British Consciousness and Identity,* edited by B. Bradshaw and P. Roberts. Cambridge: Cambridge University Press, 1998.

Burgess, Glenn. "Historiographical Review on Revisionism : An Analysis of the Early Stuart Historiographical in the 1970's and 1980's." *Historical Journal* 33 (1990).

Burns, J. H, "George Buchanan and the anti-monarchomachs," In *Political discourse in early modern Britain*, edited by Nicolas Phillipson & Quentin Skinner. Cambridge: Cambridge University Press, 1993.

______. "The Political Idea of the Scottish Reformation." *Aberdeen University Review* 36 (1955-1956).

Catto, J. "Religious Change under Henry V," In *Henry V: The Practice of Kingship,* edited by G. L. Harris. Oxford: Oxford University Press, 1985.

Christianson, Paul. "Royal and Parliamentary Voice on the Ancient Constitution C. 1604~1621," In *The Mental World of the Jacobean court,* edited by Linda Levy Peck. Cambridge: Cambridge University Press, 1991.

Cogswell, T. "England and the Spanish match," In *Conflict in Early Stuart England,* edited by R. Cust and A. Hughes. Harlow; Longman, 1989.

Collinson, Patrick. "The Jacobean Religious Settlement: The Hampton Court Conference," In *Before the English Civil War-Essasy on Early Stuart Politics and Government,* edited by Howard Tomlinson. London: Macmillan, 1993.

Cowan, I. B. "The Five Articles of Perth," In *Reformation and Revolution* edited

by D. Shaw. Edinburgh: Saint Andrew Press, 1967.
Cromartie, Alan. "King James and the Hampton Court Conference," In *James VI and I -Idea, Authority and Government,* edited by Ralph Houlbrooke. Aldershot: Ashgate, 2006.
Cuddy, Neil. "Anglo-Scottish Union and the Court of James Ⅰ, 1603-1625," In *Transactions of the Royal Historical Society,* 6th ser. London: Royal Historiai Society, 1992.
Curtis, Mark A. "the Hampton Court Conference and its Aftermath." *History* 46 (1961).
Donaldson, Gordon. "The Attitude of Whitgift and Bancroft to the Scottish Church," In *Transactions of the Royal Historical Society,* 4th Ser. 24 (1942).
Doddridge, John. "A Brief Consideration of the Twoe Kingdoms in the Hands of One Kinge," In *Jacobean Union: Six Tracts of 1604,* edited by B. R. Galloway & B. P. Levack. Edinburgh: Scottish History Society, 1985.
Dunlop, A. I. "The Polity of the Scottish Church." *Records of the Scottish Church History Society* 12 (1954-56).
Durston, Christopher. "James Ⅰ and Protestant Heresy," In *James VI and I - Ideas, Authority, and Government,* edited by Ralph Houlbrooke. London: Ashgate, 2006.
Ford, John. "Conformity in Conscience: The Structure of the Perth Articles Debate in Scotland, 1618-38." *Journal of Ecclesiastical History* 5 (1995).
Fincham Kenneth. & Lake, Peter. "The Ecclesiastical Polices of James Ⅰ and Charles Ⅰ" In *The Early Stuart Church 1603-1642,* edited by Kenneth Fincham. Basingstoke, London: Macmillan, 1993.
_______. "The Ecclesiastical Policy of King James Ⅰ." *Journal of British Studies* 24-2 (1985).
Foster, W. R. "The Operation of the Presbyteries in Scotland," *Records of the Scottish Church History Society* 15 (1964-66).
Hibbard, Caroline M. "Early Stuart Catholicism: Revisions and Re-Revisions." *The Journal of Modern History* 52, no. 1 (Mar., 1980).
Houlbrooke, Ralph. "James's Reputation, 1625-2005," In *James VI & I -Idea, Authority, and Government,* edited by Ralph Houlbrooke. Aldershot: Ashgate, 2006.
Kautz, Arthur P. "The Selection of Jacobean Bishops," In *Early Stuart Studies: Essays in Honor of David Harris Wilson,* edited by Harold S. Reinmuth. Minneapolis: University of Minnesota Press, 1970.
Kenyon, John. "Revisionism and Post-Revisionism, in the Early Stuart Hisrory." *Journal of Modern History* 64 (1992).
Lake, Peter. "Antipopery: the Structure of a Prejudice," In *Conflict in early*

*Stuart England-Studies in Religion and Politics 1603-1642,* edited by Richard Cust and Ann Hughes. London & New York: Longman, 1989.

______. "A charitable Christian hatred: the godly and the enemies in the 1630's," In *The Culture of English Puritanism, 1560-1700,* edited by C. Durston and J. Eales. London: Palgrave Macmillan, 1996.

______. "The King(The Queen) and The Jesuit: James Stuart's *True Law of Free Monarchies* in Context/s," In *Transactions of the Royal Historical Society* 14 (2004).

Lambert, S. "Richard Montagu, Arminianism and Censorship." *Past and Present* 124 (1989).

Lee, Maurice. "James VI and the Revival of Episcopacy in Scotland: 1596-1600." *Church History* 43, no. 1 (1974).

Loomie, A. J. "Guy Fawkes in Spain: "Spanish Treason" in Spanish Documents." *Bulletin of the Institute of Historical Research,* special supplement 9 (1971).

Loomis, Catherine. "Elizabeth Southwell's Manuscript Account of the Death of Queen Elizabeth (with text)." *English Literary Renaissance* (Autumn, 1996).

Mason, Roger A. "George Buchanan, James VI and the presbyterians,"In *Scots and Britons-Scottish Political Thought and the Union of 1603,* edited by Roger A. Mason. Cambridge: Cambridge University Press, 1994.

MacArthur, Kathleen W. "*The Vindiciae Contra Tyrannos*: A chapter in the struggle for religious freedom in France." *Church History* 9, no. 4 (1940).

McCafferty, John. "The Churches and Peoples of the Three Kingdoms, 1603-1641," In *The Seventeenth Century,* edited by Jenny Wormald. Oxford: Oxford University Press, 2008.

MacDonald, A. "James VI & Ⅰ, the Church of Scotland and British Ecclesiastical Convergence." *Historical Journal* 48, no. 4 (2005).

McLaren, Anne. "Challenging the Monarchical Republic: James Ⅰ's Articulation of Kingship," In *The Monarchical Republic of Early Modern England-Essays in Response to Patrick Collinson,* edited by J. F. McDiarmid. Aldershot: Ashgate, 2007.

Neale, J. E. "Peter Wentworth." *English Historical Review* 39 (1924).

Nuttall, G. "The English martyrs 1535-1680: a statistical review." *Journal of Ecclesiastical History* 22 (1971).

Oakley, Francis. "On the Road from Constance to 1688: The Political Thought of John Major and George Buchanan." *The Journal of British Studies* 1, no. 2 (1962).

Questier, M. C. "Loyalty, Religion and State Power in Early Modern England: English Romanism and Jacobean Oath of Allegiance."*The Historical*

*Journal* 40, no. 2 (1997).

Sheils, W. J. "Catholics and their neighbours in a rural community: Egerton Chapelry 1590-1780." *Northern History* 34 (1998).

Shriver, F. "Hampton Court Revisited: James Ⅰ and the Puritans." *Journal of Ecclesiastical History* 33 (1982).

Shriver, F. "Orthodoxy and Diplomacy: James Ⅰ and the Vorstius Affair." *English Historical Review* 85, no. 336 (1970).

Sommerville, J. P. "James Ⅰ and the Divine Right of Kings ; English Politics and Continental Theory," In *The Mental World of the Jacobean court,* edited by Linda Levy Peck. Cambridge: Cambridge University Press, 1991.

______. "Parliament, Privilege, and the Liberties of the Subject," In *Parliament and Liberty from the Reign of Elizabeth to the English Civil War,* edited by J. H. Hexter. Stanford, California: Stanford University Press, 1992.

Stewart, Laura. "'Brothers in Trueth': Propaganda, Public Opinion and the Perth Articles Debate in Scotland," In *James VI & Ⅰ, Ideas, Authority, and Government,* edited by Ralph Houlbrooke. Aldershot: Ashgate, 2006.

Tanner, J. R., ed. "Act for the Better Discovering and Repressing of Popish Recusant," In *Constitutional Documents of the Reign of James Ⅰ, A. D. 1603-1625, with an Historical Commentary*. Cambridge: Cambridge University Press, 1930.

______, ed. "Act to Prevent and Avoid Dangers which May Grow by Popish Recusant," In Constitutional Documents of the Reign of James Ⅰ, A. D. 1603-1625, with an Historical Commentary. Cambridge: Cambridge University Press, 1930.

Tyacke, Nicholas. "Puritan Politicians and King James VI and Ⅰ, 1587-1604," In *Politics, Religion and Popularity in Early Stuart Britain-Essay in Honour of Conrad Russell,* edited by Thomas Cogswell, Richard Cust and Peter Lake. Cambridge: Cambridge University Press, 2002.

Wedgewood, C. V. "Anglo- Scottish Relations, 1603-1640," In *Transactions of the Royal Historical Society,* 4th ser. xxxii. London: Royal Historical Society, 1950.

White, Peter. "The via media in the early Stuart Churches," In *The Early Stuart Church, 1603-1642,* edited by Kenneth Fincham. London, Macmillan, 1993.

Wilson, David Harris. "James Ⅰ and His Literary Assistants." *Huntington Library Quarterly* 8 (1944-1945).

Woolrych, Austin. "Political Theory and Political Practice," In *The Age of Milton: Backgrounds to Seventeenth-Century Literature,* edited by C. A. Patrides and B. Waddington. Manchester, 1980.

Wormald, Jenny. "Gunpowder, Treason and the Scot." *Journal of British Studies*

24-2 (1985).

______. "James VI and I, *Basilikon Doron* and *The Trew Law and Free Monarchies*; the Scottish context and English translation," In *The Mental World of the Jacobean court,* edited by Linda Levy Peck. Cambridge: Cambridge University Press, 1991.

______, "Ecclesiastical Vitriol: The Kirk, the Puritans and the Future King" In *Reign of Elizabeth I: Court and Culture in the Last Decade,* edited by John Guy. Cambridge: Cambridge University Press, 1995.

______, "James VI & I (1566-1625)," In *Oxford Dictionary of National Biography*. Oxford: Oxford University Press, 2004.

Young, Michael. "Revisionism and the Council of War 1624-1626." *Parliamentary History* 8, no. 1 (1989).

### 2) 국내 자료

#### A. 단행본

김민제, 『영국혁명의 꿈과 현실』, 서울: 역민사, 1998.

장 보댕, 『장 보댕의 국가론』, 임승휘 역, 서울: 책세상, 2007.

홍치모, 『스코틀랜드 종교개혁과 영국혁명』, 서울: 총신대학교 출판부, 1991.

#### B. 논문

강미경, 「James 1세 왕권신수설 형성의 정치적 배경」, 『역사교육논집』 38 (2007).

______, 「뷰캐넌의 장로교 저항사상과 제임스 6세의 왕권신수설」, 『대구사학』 98 (2010).

______, 「제임스 1세의 가톨릭 정책」, 『영국연구』 27 (2012).

______, 「제임스의 청교도 정책」, 『대구사학』 108 (2012).

김민제, 「의회와 '영국 내전(English Civil War)'-휘그(Whig), 수정주의(Revisionism), 후-수정주의(Post-revisionism) 해석」, 『서양사론』 42 (1994).

김중락, 「복합 왕국의 종교적 이질성과 교회통일정책, 1603-1647」, 『서양사론』 58 (1998).

______, 「영국혁명(the British Revolution), 국민 계약 그리고 저항의 이론화」, 『영국연구』 2 (1998).

______, 「영국의 왕실 통합(1603)과 제임스 6세 겸 1세의 국가통합정책」, 『역사교육논집』 26 (2001).

______, 「'고상함과 통일(decencie and uniformitie)'을 찾아서-스코틀랜드 「공동기도서」와 찰스 1세의 이상적 교회」, 『서양사론』 102 (2009).

김춘식, 「왕권신수설과 천명사상의 연구」, 『한국정치학보』 30-3 (1996).

김행복, 「제임스 1세 시대 국왕과 의회와의 관계」, 『육군 제3 사관학교 논문집』 33 (1991).

______, 「16세기 후반-17세기 초 영국 의회 연구」, 경북대학교 박사학위 논문, 1991.

박순준, 「스튜어트 초기 왕정의 재정파탄과 영국 내란」, 『부산사학』 33 (1997).

______, 「영국혁명과 의회」, 『부산사학』 19 (1990).

설혜심, 「『스포츠의 書』를 통해 본 근대 영국의 레저」, 『영국연구』 2 (1998).
이경아, 「스코틀랜드 장로교와 영국혁명-국민 성약파를 중심으로」, 『통합연구』 7-3 (1994).
임승휘, 「장 보댕의 『국가론』과 절대주의」, 『프랑스사 연구』 13 (2005).
최갑수, 「'리바이어던'의 등장: 절대주의 국가에서 국민국가로의 이행」, 『서양사론』 82 (2004).

# 찾아보기